TTS新書

1万人のホームレスに、800万戸の空家

― 正解《こたえ》のない日本の問題 ―

江 草 媒 人

東京図書出版

まえがき

Oxfam（オックスファム）は、２０１９年1月22日から25日までスイスで開催する世界経済フォーラム（通称ダボス会議）に先がけ、格差問題に関する報告書を発表。「Public Good or Private Wealth（公共財産か私有資産）」と題し、格差問題を提起。ビリオネア（10億ドル以上の資産を持つ富裕層）の富は12％増えたが、貧困層の下から半分の38億人の資産は11％減ったと明らかにした。

昨２０１８年には「Reward Work, Not Wealth（資産ではなく労働に報酬を）」と題し、貧困層下位半分の36億人の資産は、最も豊かな８人の資産に匹敵するとし、また２０１７年に世界で生み出された富の82％を、最も豊かな1％が手にし、下位の37億人（当時）が手にした富の割合は1％未満でしかなかったとの報告をし、同年「An Economy for the 99％（99％のための経済）」を発表、２０１６年の経済的下位半分36億人（当時）の資産は、裕福な62人が保有する資産と同等だと報告していた。

The forum of the rich, by the rich, for the richとも言われる「ダボス会議」は毎年1月に開催し、２５００人を超える世界の富豪や権力者が出席する。参加者はプライベートジェットで飛んできて、五つ星ホテルに滞在、超一流の料理を楽しみながら、金融市場や経済動向について討議する。

一方国連は、１９９０〜２０１０年の間に極貧層の数は半減したという。それでも世界で８３００万人以上が、極端な貧困の下に暮らしている。１９９０年代の後半から日本では格差社会となったと言われ、それ以前は一億総中流で、格差が問題になることは少なかった。バブル期に株価や不動産が高騰し、格差は拡大したが、バブル崩壊とともにその格差も縮小したと思われていた。

高度成長時代が終わり、韓国、中国の経済が発展。相対的に日本経済が地盤沈下し、製造業やサービス業で非正規雇用などの対応で、賃金が抑えられ、就職難にもなり、更に地盤沈下をもたらした。10年ほど前から「フリーター、ニート」「ワーキングプア」「下層、下流社会」「勝ち組、負け組」などの言葉が現れ、貧困が顕在化した一方で、「ヒルズ族」や「セレブ」などが話題になって、大きな格差が生まれている。

技術革新で生産性が向上し、経済発展を促した一方で、社会に多くの歪みをもたらし、それが既に許容範囲を超えている。食料不足や飢餓のトラウマから、体に脂肪を、家にゴミを、溜め込んでしまう。栄養失調や餓死はなくなったが、メタボで健康を害している。多くの住宅が不要なものを溜め込んだゴミ屋敷だったり、驚くほど多い空家ですらモノで満たされていて、過剰浪費のモノ余りで、人間の体同様、社会全体がメタボとなっても、その自覚がないので、対応も出来ない。

モノ不足の時代はとっくに終わり、かつて生活必需品といわれた、食料、衣類、住居に窮乏することはなく、スマホやパソコンなどハイテク商品や自動車でも、日用品となっている。それらを得るのに、人間の労働も多くを必要としないが、浪費や廃棄が多い一方で、それらに事欠く人もいる。

先人から受け継いだ社会は発展して現在に至ったが、その闇の部分が顕在化して、特に住居に関しては、窮乏していた戦後の時代から一貫して増加傾向を辿り、不動産バブルを招いて、地価高騰後のバブル崩壊を経てもなお、８００万戸以上の空家がある。一方、住居を持てないホームレスが1万人ほどいて、チグハグな状況を是正しなければならない曲がり角に直面している。

もともと経済学は、地域や時代などの基盤条件が異なるので、科学ではなくイデオロギーでしかない。思想のように色々な説があって、専門家でもデフレ対応にしても、財政収支でも意見が分かれている。経済学者という錬金術師の思考論理が有効でなくなる事態になって、旧態依然とした理論で対応していたのでは、革新的に世界が変貌しつつある状況への対処が出来なくなっている。

人間に例えれば、腹が突き出た肥満体質で、十分な蓄えがあるのに、血の巡りが悪い頭は、食べろという指令を出し続けている。大きな『問題』がある。

1万人のホームレスに、800万戸の空家

―正解《こたえ》のない日本の問題―

◇目次

第2章 必需品の確保 …… 33

第3章 負の遺産

第4章 消える仕事

第5章

第1章　格差社会

1 格差社会

☑ Oxfam報告

Oxfamは貧困撲滅に取り組む国際NGO（非政府組織）で、1942年にオックスフォード大学の教育関係者を中心に「オックスフォード飢饉救済委員会（**Oxford** Committee for **Famine** Relief）」を立ち上げ、1965年に省略形Oxfamを、正式な組織名にしている。2018年はOxfamにとって厄年だったようで、2010年に起こったハイチの震災対応での不祥事を蒸し返されたのと、Oxfam Japanは資金的な問題で、解散に追い込まれている。

The forum of the rich, by the rich, for the richと言われるWorld Economic Forum（世界経済フォーラム）に先立ち、Oxfamは格差問題に関する最新の報告を発表。拡大する格差によって貧困対策の効果が損なわれ、経済は打撃を受け、人々の怒りをあおる結果になっていると強調。

- ビリオネア（資産10億ドル以上の富裕層）の全資産は2018年に12%、9000億ドル（約99兆円）あるいは毎日25億ドル増えたが、貧困層の下から半分38億人の全資産は同年11％減っている。

■世界で最も裕福な26人が、所得の低い半数38億人の総資産と同等の富を持っていて、２０１７年は上位43人の富と下位半分37億人（当時）の全資産と同額で、富はますます集中している。

■ビリオネアの数は経済危機以降の10年でほぼ倍増し、２０１７年から２０１８年にかけて2日に1人の割合で誕生している。

■最富裕層が０・５％多く税金を払えば、現在教育を受けられずにいる子どもたち２億６２００万人に教育を授け、３３０万人の命を救える保健医療を提供しても、余りある資金を確保できる。

■世界一の富豪でアマゾンの創業者であるJeff Bezosの資産は１１２０億ドル（約12兆３０００億円）に増え、この1％は人口1億５００万人のエチオピアの総保健医療予算に匹敵する。

■超富裕層は７６００億ドルを課税当局から隠していて、多くの企業もオフショアに隠している。世界の超富裕層が租税回避をしているので、途上国は年間約１７００億ドルの所得を失っている。

そうした状況への対処に、以下三つの提言をしている。

①女性にも適用される無償のヘルスケア、教育並びにその他の公共サービスを導入する。公共サービスの私有化、民営化への援助を止め、年金や子供のケアその他の公共サービスを備える。

②支払いのない家事労働から女性を解放し、時間の余裕を確保する。水道、電気、育児など公共サービスへの投資をして、支払いのない仕事を減らすようにする。

③富裕層と企業への低い税率の見直し、富裕層や企業が課税を回避できないよう、規制を強化する。地上の税制をすべての人に公平になるように見直す。

２０１６年の報告「１％のための経済」では、世界の下位半分の資産に匹敵するのは、２０１０年は富裕層上位３８８人、２０１２年は１５９人、２０１４年は80人で、２０１５年には62人となっていた。２０１７年の報告「99％のための経済」では、インドと中国の正確なデータが得られ、下位半分の36億人と同等の資産は、最も豊かな８人だけの所有と判明。これらのデータが判明していれば、２０１５年は上位62人でなく、９人だけで同等だったと訂正していた。

表1　ビリオネアトップ10（2018）

億ドル

1	ジェフ・ベゾス（米、Amazon創業者）	1,120
2	ビル・ゲイツ（米、Microsoft創業者）	900
3	ウォーレン・バフェット（米、投資家）	840
4	ベルナール・アルノー（仏、LVMH）	720
5	マーク・ザッカーバーグ（米、Facebook創業者）	710
6	アマンシオ・オルテガ（スペイン、ZARA創業者）	700
7	カルロス・スリム・ヘル（メキシコ、携帯電話会社）	671
8	チャールズ・コック(米、各種投資家)	600
8	デービッド・コック(米、各種投資家)	600
10	ラリー・エリソン（米、Oracle創業者）	585
上位10人の合計		7,446

*Forbes*より

２０１７年に貧困下位半分の37億人の持つ資産は、富裕層上位８人としていたが、２０１９年の報告では、上位43人としている。異なるデータへの説明はない。

☑富裕層

「ダボス会議」は毎年１月に開催され、２５００人もの富裕層が参加する。こうした富豪は自らの富を維持、拡大するのにお金を積んでコンサルタントやロビイストを雇い、政治に大きな影響力を及ぼしている。経済紙*Forbes*のランキングでは、２０１８年の富豪のトップ10は表1の通り。上位10人の合計は７４４６億ドルになり、80兆円もの資産を僅か10人で保有、下位36億人分の資産を上回るとしていた（これは２０１８年の報告で

２０１９年の報告とは異なる)。

世界の上位10人のうち４人は、ここ数十年で財産を形成したＩＴ長者である。ＩＴの進歩発展で、生活が豊かになったのは誰もが認めるだろう。ＩＴ長者の貢献が、他の多くが関与したＩＴ関連ビジネスで、多くの差をつけた資産となっている。それでもこの人たちが得た収入が、他に貢献した人に比べて突出して多いことが正当化されるのだろうか、という疑問は付きまとう。

彼らが、何らかの不正を働いたのではない。合法的な収入から税金を納め、なお膨大な資産になっている。いまのルール、資本主義のもとで大差になるのが適正なのだろうか。また、そのルールが今後も継続され、創造された富が、公正に配分されるのかという『問題』である。２０１５年の米経済政策研究所の報告でも２００９年以降アメリカでＣＥＯの報酬は平均54・3％上昇したが、従業員の賃金は頭打ちで、ＣＥＯの収入は30年前の10倍になったが、従業員の収入は減少傾向にあったとしている。

日本企業の経常利益は１９９７年から10年で28兆円から53兆円に増加したが、従業員給与は１４７兆円から１２５兆円に減少、格差が拡大している。パナマ文書でも、アフリカの金融資産の30％はタックスヘイブンにあると思われ、毎年１４０億ドル（約１・５兆円）の税収が失われているとしている。

2 日本の貧困

☑相対的貧困

世界銀行が2015年10月に1日1・90ドル以下の消費を**絶対的貧困**とし、2012年に9億人ほどいたが、2015年には7億人ほどに減ったと推測している。**相対的貧困**は地域性を考慮し、所得格差を比べている。等価可処分所得（世帯全体の可処分所得を世帯人員の平方根で割った値）の中央値の半分を貧困線と言い、貧困線以下の人口比を貧困率としている。

日本の貧困率は2000年以降16％前後にあり、現在15・6％（2015年）で**経済大国**の名を返上し、**貧困大国**の名を頂いている。OECD加盟国中では、貧困率1位のメキシコにトルコ、アメリカと続いて、堂々4位に入賞していて、G7の中ではアメリカに次いで2位、一人親の世帯に限ると1位となっている。

2012年に日本の貧困線は122万円、相対的貧困率は16・1％だったが（厚労省調査）、2016年の報告でも、貧困線は122万円、相対的貧困率は15・6％と、大きな改善はみられていない。

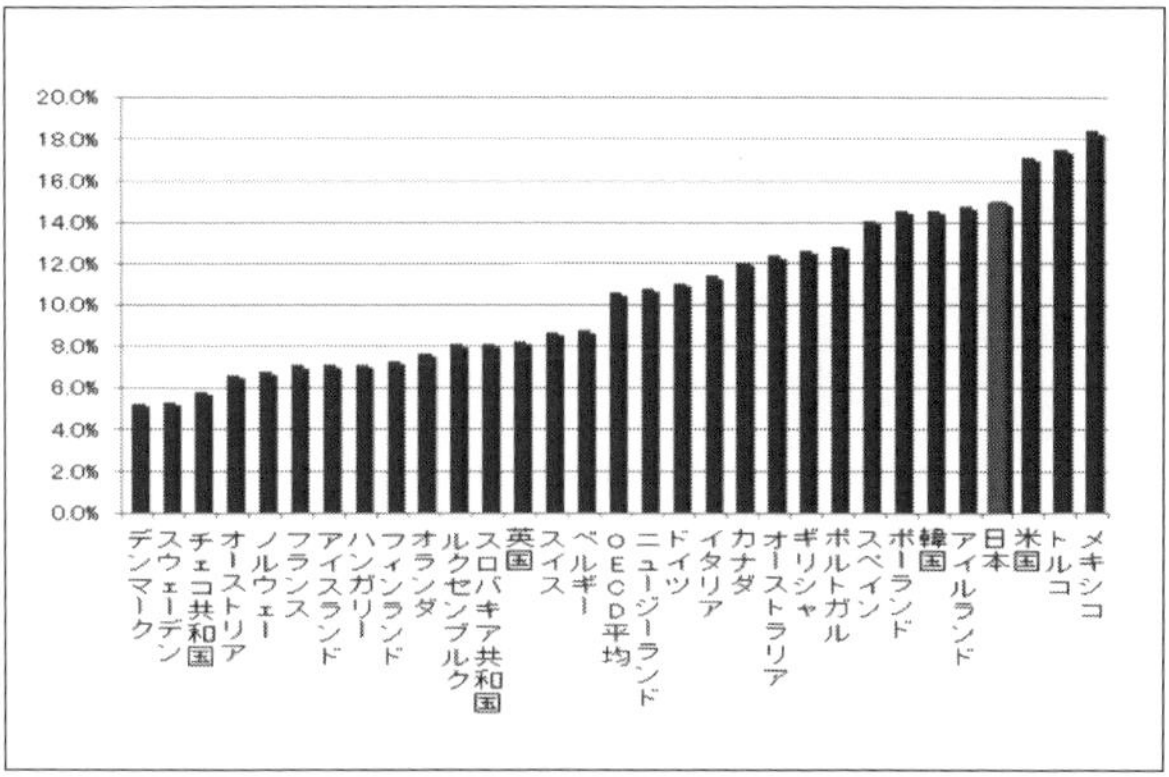

図１　相対的貧困率（2000年代半ば）

OECD Factbook 2010より作成（http://www.oecd-ilibrary.org/economics/oecd-factbook-2010_factbook-2010-en）

特にこどもの貧困は世界の貧困線平均以下で、２０１４年でも17歳以下の相対的貧困率は16・３％で、日本のこどもの６人に１人が貧困状態にある（２０１４年厚労省報告）。２０１４年のＯＥＣＤ報告でも、日本のこどもの貧困率は、先進国34カ国中10番目に高く、貧困は日本の大きな『問題』となっている。

貧困がこどもに与える影響は大きく、学力は低く、健康、食生活、親子関係などで不利な状況にいるこどもも多い。日本の貧困家庭は親が働いていないのではなく、多くがワーキングプアで、子育て世帯の失業率は非常に低く、多くの親がこどものために自分を犠牲にし、過酷な労働に耐えている。福祉が行き届いていれば、育児負担が軽減されるが、日本の公的教育支出は、ＯＥＣＤ31カ国中最低（２００５〜

２０１１年）で、これが少子化にもつながっている。

こどもが貧困に苦しんでいるのは、こどもに全く責任がない。給食費が払えないこどもが、昼食を食べられないなどのケースを聞くこともある。これはこどもへの公的な「いじめ」、「虐待」にも通じ、早急に手を打たなければならない『問題』である。

こどもは法律をつくれないので、法律をつくる大人達が、都合の良いように老人に有利な制度になっている。かつて、老人は艱難に耐え、多くの辛酸をなめ、社会に貢献してきた。しかし、今や苦役労働も減り、医療技術も発達し、平均寿命も大幅にのび、筆者を含め、ただ単にダラダラと生きながらえている老人も多い。高齢者に重きをおいた制度は、こどもに重点を移す改変が迫られている。

☑既得権社会

保育或いは養育を安心して託せる施設が不足している問題は、今に始まったことではない。政府は２００１年に「少子化担当大臣」を置いている。しかし、15年以上経過しても、少子化に対応した効果が出ているのか、大きな疑問である。「保育園落ちた。日本死ね！」とアップされたブログが話題になり、大臣を置いていても、何ら機能していない政治の貧困もある。

日本の法律や制度が、国民の利益になるよりも、少数の利権になってしまう場合がある。法律に基づいて団体ができると、競合を避けるため、その後の参入を制限しようとし、既得権を確保する圧力団体になる。そこに官僚は天下りして、利権構造を堅固なものとするので、構造的に庶民の不利益となる。

保育園の例でも、既存の経営者が安全管理を盾に、新規参入障壁を高くするよう圧力をかける。保育所を新設しようにも規制が厳しく、新規参入は出来ない。保育施設の運営コストは高くなり、既得権者の権益は守られる。保育士にも能力に適した給与は払われず、他の仕事に移ってしまうといった状況にもなっている。

こどもに健康的な生活と、十分な教育を施そうとすれば、多くのコストがかかる。このコストのほとんどを親が負担しなければならない現実が、少子化につながっている。こどもにかかるコストを負担するのが嫌な親が多いのではない。収入のほとんどを育児に充ててもなお、十分ではないと思えば、こどもを産むことを躊躇するようになるし、こどもを産む前に結婚したいと思っても、若年層の平均収入では、家計を維持するのに四苦八苦で、結婚もためらうことになる。

☑社会からの脱落

日本でも格差が拡大し、超高級車を乗り回し、都心の一等地に邸宅を構える富裕層もいる一方で、生活保護を受ける貧困世帯が増えている。生活保護を受けられる家庭はましで、それすらも受けられない人たちがいる。今の日本に、である。

平均的な収入で、贅沢をするわけでもなく、ごく普通の暮らしをしている人で、生活が苦しいと訴える家庭は日本では5割を超えている。日本に住宅は余っているのに、住居を自己所有している人は少ない。30年以上にわたっての調査でも、全体の3分の1以上が持ち家に住んでいない。世代ごとの比率では、30代で持ち家に住んでいるのは半分以下、40代になってやっと5割を超える。そのため、若年層は生活費の多くの部分を住居費へ支出しなければならず、家計を圧迫する原因となっている。

ここでも格差が大きな問題で、相続して住まいを持っていたり、三世代住宅に居住している場合は、生活費の多くを、教育費やスポーツ、娯楽や健康面への支出に向けられる。持てる人は健全な生活をすることが出来、富裕層に留まり、貧困層との格差は開き、確定して、その連鎖が続いてゆく。

どんな家族でも、家計の苦しさが続き、病気やケガ、事故などで災難に遭遇することはあり、生計に余裕がなければ、社会に留まっていられなくなる。家庭内の不和から離婚に至るケースも増え、日本でも年間25万組に上り、婚姻数の半分ほどにもなっている。社会から脱落してしまうと、日本の保護、援助は貧弱で、特に母子家庭になったら、女性一人で家計を支える大変な困難に陥る。

収入や資産がなければ、社会が支えることが、憲法にも明記されていて、法律では日本と北欧諸国で大きな違いはない。しかし実情は、大きな差があることは従来から指摘されている。

頼れる親戚、知人も居らず、住む処もなく、かつて乞食とかルンペン、おもらい、浮浪者などといわれた極貧層は、今ではホームレスという。ホームレスは、2002年には2万5300人がいて、2015年には7000人ほどに減ってはいる（厚労省）。こうした確信犯的ホームレスと、夜明かしは漫画喫茶やネットカフェ、カプセルホテルや簡易宿所いわゆる「ドヤ」に寝泊まりする、隠れホームレスを加えると、いまでも1万人を超える無宿者が居るであろうことは容易に想像される。

☑800万戸の空家

日本には6063万戸もの住宅があり、そのうち5145万世帯には入居していて、また常に人が住んではいない別荘や兼用事務所、店舗などもあり5210万戸ほどは使われることもある（国交省「世帯数及び住宅戸数の推移」2013年）。従ってこれらを差し引いた**853万戸**は、居住者が全くいない**空家**である。**1万人ほどのホームレスに、800万戸以上の空家**があり、それら全てがすぐに居住できる状態のものではないにしろ、1人当たり1000軒にもなる。

だが、空家の中には朽ち果て、暴風などで建材が飛ばされる危険のあるものや、家の中に食べ残した食品が腐敗したまま散乱したり、無価値のものがうず高く積まれていたりするゴミ屋敷もある。それらには、居住者や持ち主が亡くなって権利者が不明なものも多く、負の資産と化した、**負動産**、**座礁資産**となっている。

本書を執筆中に、空家だけでなく土地も余っていると報じられた。余っているのではなく、所有者が不明というのが正しい。不動産相続には面倒な手続きが必要だし、相続人（子供や孫など）がいない人もいる。２０１７年６月の『朝日新聞』には、「相続未登記で所有者が分からない土地の総面積が、約４１０万ha（ヘクタール）に達する。所有者の住所が変わって連絡がつかなかったり、死亡後も相続登記されない土地は、国交省の地籍調査や人口動態の推計でも、その総面積は九州の面積を上回っている」「法務省の調査でも、最後の登記から50年以上経過し、登記簿上の所有者が１００歳以上で、満州在住など、確認が難しい土地がある。不動産台帳の整備が必要で、政府も不明土地を公的な事業に利用できるよう制度の検討を始める」との記事が載った。九州の面積は３６８万haで、スイスは４１２万ha、オランダ３７４万ha、ベルギーだと３０５万haでしかなく、日本には４１０万haが余っている。空家の家屋のみならず、土地までもが利用されず、住宅付きで廃棄されている状況が浮かび上がる。

３ 貧困の実態

☑ＮＲＩ報告

日本の格差と貧困の実情を調査した報告がある。一つは民間のシンクタンク、野村総研（ＮＲＩ）が、日本の世帯を保有純金融資産によってグループ分けした調査報告（２０１６年）で、超富裕層と富裕層の２％が保有する金融資産は２割弱で、80％のマス層は43・０％ほどの資産を保有と報告している。

ＮＲＩの調査対象は金融資産のみだが、米国との比較で、米国で上位１％が総資産の34・６％を占めている（２００７年）。日本では超富裕層と富裕層を合計した世帯２・３％の資産は19・４％でしかない。米国の下位80％が保有する資産は27・１％に過ぎず、日本では下位80％の持つ資産は43・０％になっている。金融資産のみ（日本）と不動産も含めた（米国）データの違いはあるが、米国は超格差社会と言える。

☑厚労省の報告

もう一つは、厚労省が１９８６年以来3年ごとに、大規模な国民生活基礎調査をしていて、無作為に抽出された地区の世帯を対象に、調査票の配布・回収を行う。直近では２０１６年に

表２　金融資産残高

	資産残高（円）	（万世帯）	（兆円）	世帯数（%）		資産残高（%）	
				2000	2015	2000	2015
超富裕層	５億以上	7.3	75	0.1	0.1	4.1	5.3
富裕層	１億～５億	114.4	197	1.6	2.2	12.3	14.1
準富裕層	５千万～１億	314.9	245	5.5	6.1	15.9	17.5
アッパーマス	３千万～５千万	680.8	282	12.3	11.2	19.3	20.1
マス層	３千万未満	4,173.0	603	80.4	80.4	48.3	43.0
合計		5,290.4	1,402	100.0	100.0	100.0	100.0

NRI 報告より

調査、翌年6月に結果を公表、それによると核家族化が進行し、単身世帯が25％にもなっている。人口は減っているので、晩婚化に伴う若年の一人身世帯と、高齢化による一人身世帯の増加が著しく、世帯あたり人数の減少と、世帯数の増加が進んでいると報告された。

世帯当たり平均所得は５４５万８０００円で、中央値は４２８万円、相対的貧困率は15・６％、こどもの貧困率も13・９％と前年より改善されている。現在の収入での五段階分類で、［やや苦しい］と［大変苦しい］とする、生活の［苦しさ］を訴える世帯は56・５％と低下してはいるが、５割を超える世帯が苦しさを訴え、この状況に過去10年大きな変化はない。

バブル経済の崩壊から日本に相対的貧困が増え、格差社会への仲間入りをしている。５割を超える世帯が10年以上も、生活苦を訴えていることへの対応が、ほとんどなされていない『問題』がある。

4 格差の拡大

☑『21世紀の資本』

『21世紀の資本』はフランスの経済学者で、現パリ経済学校の教授であるトマ・ピケティの2013年の著書。翌年英訳され、アメリカで50万部を超えるヒットとなった。日本でも高価な経済専門書であるにもかかわらず、話題となりベストセラーになった。その主な論点は以下に集約される。

- 財産の成長率は、労働によって得られる賃金の成長率を上回る。資産運用している富裕層は、株や不動産を保有しているだけで、利益が得られる。一方、平均的な労働の賃金上昇は緩やかで、賃金を貯蓄しても大きく増えるわけでなく、さらに格差が広がる。
- 「持てる者」はより豊かに、「持たざる者」はより貧しくなる。自動運転になれば、運転手はいらなくなる。会計ソフトの導入で、経理事務員は減る。労働者は職を奪われ収入がなくなる。富裕層はそうした技術に投資し儲け、今後も資本収益率は経済成長率を上回り、富の不均衡は更に大きくなる。

■21世紀は「相続」によって格差がさらに肥大化する。相続で資産を増やしている層が増え、少子化が進んで財産を一身に受け継ぐこともある。フランスの資産の多くは相続によるもので、上位1％が6割の資産を所有していた時期もある。

■1910～1950年代は格差が小さかった例外的時代。1930～1975年には、戦争や恐慌で富裕層の富が失われ、格差が縮小した。戦費調達のため富裕層への課税が強化されたが、1970年代後半から再び格差拡大し、中産階級は消滅へと向かっている。

今日の世界は、経済の大部分を相続による富が握っている「世襲制資本主義」となっている。過去200年以上のデータを分析すると、資本収益率は平均で年に5％ほどだが、経済成長率は1％から2％の範囲である。富が公平に分配されないことで、貧困が社会や経済を不安定にしていて、資本主義を作り直さなければ、庶民階層の存続が危うくなるとしている。

日本は欧米に比べ年収の幅が小さく、相続税が高く、格差は小さいという意見もあるが、ピケティは「日本は典型的な格差社会だ」と断言、高所得者上位5％は、大企業の正社員クラスで、保有資産は26％を占める。非正規雇用や最低賃金の低下で所得が下がり、正社員層が押し上げられている。

日本の最高税率は1970年代は75％だったが、今は45％に下がり、最高税率が下がると、経済成長率も下がっている。グローバル化の中で格差是正には、課税を世界一律に適用するのが良い。年2％の累進財産税と、最高80％の累進所得税とを組み合わせ、富裕層が租税回避地に資産を移動させないよう、国際協定を締結すれば良いが、このような世界的な課税の実現は難しい。

この点は、Oxfamも指摘しているように、世界全体で共通の課税制度を提案しても、その実現には多くの困難が伴うとしている。富裕層は政治に大きな影響力を持っていて、自分たちの不利になるような制度の改訂には向かわないし、そうなっても合法、非合法を問わず、必ず抜け道を創り出す。

5 もったいないと、断捨離の狭間

家にモノが溢れ、ゴミを捨てられずに、家全体がゴミ屋敷と化してしまった住居がある。ゴミ屋敷の命名も見事だが、社会に大きな弊害をもたらしているのも事実である。それが、今や10軒に1軒ほどだという。一人暮らしの高齢者は、そうした状況になりやすく、清掃会社の人は、電車の中でも、ゴミ屋敷に住んでいる人の臭いで、それが分かるという。

ゴミ屋敷になる原因は三つ。まず強い孤独感や疎外感をもった人が、見える範囲をモノで埋め尽くし、独りの不安をかき消す収集癖。次にとっておけば便利で、何かの役に立つかもしれない、捨てるのはもったいないないとの思い。最後に、ストレスが溜まり、解消するのに買い物をする。必要なモノではなく、買い物がストレス解消になる依存症だという。

一方、持ちモノをできるだけ減らし、生活に必要な最低限のモノしか持たない「ミニマリスト」も増えている。自分にとって本当に必要なモノだけを持つことで、かえって豊かに生きられるライフスタイル。モノに限らず、人間関係（交友関係）も最低限にする、極端な考え方もある。

少ないモノで豊かに暮らす考え方は、多くのモノを手に入れても満たされず、モノに埋もれて必要なモノが見えなくなって、かえって生きづらさを感じている人がいる。大事なモノを見極め、必要なモノだけを持って、楽に生きたいという共感は広がっているようだ。モノに使うお金で、旅行をしたり、外食したり、スポーツなどをしたりすることで、こだわりを持たず、心が豊かになる効果もあるという。

狭い日本で、ベルギーやオランダよりも大きな土地も廃棄（相続放棄）されたまま放置されている。モノ余りに反旗を翻したのがミニマリストだが、増えているとはいうものの、実態は中々分からない。それでも、わずかでもそうした考えの人もいて、実践していることは、認識しておきたい。

第２章　必需品の確保

1 衣食住

☑モノ余りと貧困

日本には資産５億円以上の富豪が７万世帯以上あり、モノが溢れている一方で、２００万人を超える生活保護受給者と１万人のホームレスがいる。世界では超富豪がいる一方で、人口の一割以上、８億人が**飢餓**に苦しんでいる。飢餓が原因で年間に１５００万人以上（１日に４万〜５万人）の人が亡くなっていて、１分当たり30人ほどになる。そのうち７割が16歳以下のこどもで、５歳を前に亡くなるこどもは、餓死全体の３分の１に相当する５００万人にのぼる。一方、**肥満**は８億５０００万人を超えている。

２０１７年に世界人口は74億人を超え、年間１億３０００万人が生まれ、６０００万人が亡くなっている。人類の主要な食料である穀物は、年間約25億トンが生産されていて、毎日１人当たり１kgほどに相当し、必要量の２倍にもなる。その上６億トン以上の在庫もあり窮乏することはない。

飢餓に苦しむ人がいるのは、食料が足りないのではなく、必要な人に届けられないからで、飢餓改善ペースが緩やかな国では、戦争や難民問題などで、その悪化を煽っている場合もある（ＦＡＯ　２０１５年）。それでも、過去10年に１億６７００万人の、１９９２年以降には２億１６００万人の飢餓人口が減少し、今では８億人ほどに減っているが、アジアでは５億人以上の飢餓人口をいまだ抱えている。

☑日本の飢餓

日本でも飢餓で亡くなる人が時々報告されるが、行政の不手際指摘を恐れ、秘匿されることも多く、中々実態がつかめない。「餓死者は１９９５年に58人、それ以降高水準で推移し、２０１０年までに１３３１人になっている。１９９６年以降毎年40人以上で推移、２００３年の93人が過去最高で、２０１０年までの16年間で餓死者は50代が３４８人で、40～60代で72％を占め、男性が女性の約４・５倍で、社会のセーフティーネットからこぼれ落ちた可能性もある」と２０１２年の『産経新聞』に載った。

また２０１３年に、電気、ガス、水道が止められ、冷蔵庫には空容器のみ……。大阪の団地の一室で11月中旬、31歳の女性の遺体が発見された。死因は餓死か衰弱死で、死後１～２カ月経っていた。女性は約４年前に生活保護の相談で区役所を訪れたが、受給に至らなかった。こうした、餓死や孤独死などのニュースはその後も、時々聞こえてくる。

生活に困って毎日の食事に事欠けば、理由を問わず生活保護が利用できる。健康で文化的な最低限の生活を営む権利は憲法でも認められているが、日本はこれを利用しようとする人に、あまり寛容ではない。不寛容がハードルになって、利用したい人が申請を躊躇したり、申請しても受給に至らないこともある。一方、役所は不正受給をなくし、予算の範囲で公正に保護が適用されるようにしても、裁量を間違えることもある。生活保護に対する、行政の窓口の『問題』点も指摘されている。

２ 食　料

☑ 供給を担った農業

現代人にとって衣食住は、既に生活必需品といった域を超えて、空気のように自然に存在しているものと捉えているかもしれない。しかし、長らく衣食住は過酷な労働との対価でしか得られないものであった。一方、江戸落語では、「お天道様と米の飯はついて回る」ともいい、その頃、既に例外的な不作や飢饉を除けば、食に関して多くの苦労をせずに得られるようになっていた。

日本では3500~5000年も前に農耕の跡がある。当時、人間の最も重要な活動は、食料の確保で、木の実や果物、貝類などの採取に小動物、魚類などの捕獲をしなければ、生きてはいけなかった。原始的でも農業や漁業が始まると、鋤や鍬などの農機具や、銛や釣り針などの漁労の道具も現れた。狩猟には弓矢や槍なども考え出され、それらは改善もされ、収穫が安定して出来るようになっていった。また、イノシシの幼獣の骨が大量に出土するなど、動物を飼っていた形跡もある。

そうした経験を積み重ね、知識となって食料の確保をしていた。だが、日本は酸性土壌のため有機質が残りにくく、当時の食料状況はよく分からないが、貝塚では貝のカルシウムが土壌をアルカリ性にし、排泄物の化石などから、縄文人たちの食生活や健康状態が分かってきている。農耕に使っていた石器類や、わずかに残る植物の炭化物から、**縄文時代**にも狩猟採集だけではなく、弥生以降の本格的な農耕まではいかない、かなり粗放的で簡素な農耕はしていたのではないかと考えられている。

縄文の名は、大森貝塚を発見した動物学者、エドワード・モースが、「Cord Marked Pottery」と1877年に報告し、その日本語訳が定着した。ほとんどの人が食料確保のために働いて、食べた後に木の実や果物は、種がその場に捨てられ、季節が巡って来ると発芽、成長し、また採取出来る経験をした。植物の栽培をはじめ、食料の入手がより確実になって、知識が蓄積され、近隣に広がり、子孫に伝えられ、食料確保の方法が確立していった。農業のはじまりである。

☑近代の日本農業

近代以降の日本の農業の変遷を見ると、かつて不変の三大基本数字といわれるものがあった。農地面積の５５０万ヘクタール、農業就業人口１４００万人に、農家戸数が５５０万戸、明治初期の１８７５年から１９６０年までの85年間、この三つの数値に大きな変化はなかった（山下一仁「日本の農業はここまで衰退している！」〈２００８年7月30日　東京財団〉より）。

１８７５年の人口は４０００万人以下で、人口の３分の１以上が農業に従事していて、農繁期には夫婦のみならず、こどもまで百姓作業を手伝い、人口の４割以上が農作業をしていた。85年後の１９６０年に人口は９０００万人ほどに増えたが、農業就業者数は変わらず、人口比15％ほどになって、同程度の耕地面積で、倍以上になった人口に食料を供給していた。

旱魃や冷害にも強い品種も開発され、肥料の改善や病害虫などへの対策も進展し、そうした努力が実を結び、生産性が飛躍的に向上し、同じ規模の農地と同程度の農業従事者でも、倍以上に増えた人口へも、十分な農産物の収穫が得られるようになっていた。その後、高度成長時代には、多くの産業で機械化や自動化がはかられ、農業でも例外ではなく、主食とされた米作では特に顕著であった。

1960年に人口の15％ほどの農業従事者の割合は、その後も減り続け、三大基本数字が大きく変化する。1960年から2005年までの45年間に、GDP（国内総生産）の1割近くを占めた農業生産は1％に、農家戸数は606万戸から285万戸へ、農業就業人口は、335万人、基幹的農業従事者は224万人と、大幅な減少をする（農水省のHP）。かつて、農家は農業からだけ収入を得る専業農家がほとんどだったが、兼業農家も現れたので、単純な比較は出来ないことを申し添えておく。

2015年に基幹的農業従事者は175万人、全農業人口は**210万人**と減って、**人口比1・6％**ほどでしかなくなっている。日本の農業のGDPは2002年に9・9兆円で、ここから農業中間投入額4・7兆円を引くと、付加価値は5・2兆円になる。日本の農業は関税や保護策等で守られ、OECDが計測した農業保護額（PSE＝Producer Subsidy Equivalent）は5・3兆円で、農業の付加価値とほぼ同額である。即ち、保護がなければ、農業の付加価値はゼロかマイナスとなってしまう。

３ 農　業

☑生産性への挑戦　アメリカとうもろこし

農業には穀物などの土地利用型と、花や野菜など多くの土地を必要としない農業の２種類がある。前者は日本では、耕作可能な土地が少なく収益性を確保しにくい『問題』がある。後者は専業農家の比率が高く、企業的な農業経営で収益を上げている場合が多い。一方、稲作なども機械化され、農民の負担は減り、同等以上の量と質のお米が、少ない農業従事者でも生産されるようになってきている。

アメリカ。東西４０００㎞以上あり、西海岸からニューヨークやボストンへの出張も多い。夜10時に出発すると、５時間後に到着、時差があるので東海岸では朝の６時。まだ仕事を始めていないが、町中に行って朝食をとれば、仕事の始まる時間になる。帰りは夕方５時頃、西に向かう便に乗れば午後７時に到着する。機中で５時間弱の睡眠しかとれないので目が赤くなる。それを当時、レッドアイスペシャルと言った。今ではスペシャルを省いて、単にレッドアイとだけ言っているようだ。

西海岸に着く前に機内から下を見ると、ミステリーサークルの如く、円形の地面が見えた。農場の機械化を進めていたアメリカで開発された灌漑方式で、センターピボットといわれる。

図２　センターピボット農園の例

地下水に肥料を混ぜ、自走機が回転し円形農場の中心から、パイプを通して散布する。さらに害虫駆除剤や除草剤などもコンピュータ制御で適宜散布する。収穫には大型のトラクターが円弧を描き走行し、終わると、すぐに農場を耕し、種蒔きをして、センターピボットが稼働を始める。

円の直径は４００ｍくらいから、１㎞に達する巨大な農場もある。非常に効率よく農産物の生産が出来るので、今ではアメリカのみならず、エジプトやサウジアラビアなど砂漠地帯でも、こうした農業が行われるようになっている。図２写真はその一例である。

「農業構造動態調査」（ＥＵ農業センサス２０１０）によると、アメリカの農業も多くは家族経営で、僅か３００万に満たない農家しかない。日本も３００万戸ほどの農家であるが、畑地では30分の1ほど、牧草地では５００分の1ほどの面積でしかなく、その生産基盤の差はいかんともしがたい。２０１０年のいささか古い資料だが、主要国での農地面積の比較を見ると、表３の如くになっている。

表３　農地面積の比較

	日本	アメリカ	ドイツ	フランス	イギリス	オーストラリア
平均経営面積 (ha)	2.27	169.60	55.83	52.60	78.62	2970.41
農地面積 (1000 ha)	4,560	403,450	16,890	29,270	17,330	409,030
農地の割合 (％)	12.2	41.0	47.3	53.3	71.1	52.8

農水省：農業構造動態調査より

米作を含む穀物農業の生産性を国際比較すると、日本での生産がほとんど意味をなさない。ドイツやイギリスの国土の総面積は日本より小さいが、農地面積では日本の４倍もあり、フランスでは６倍、アメリカ、オーストラリアに至っては90倍近くの農地がある。

☑生産性への挑戦　オランダトマト

野菜など多くの土地を必要としない農業でも、生産性改革は進み、オランダでは自動化された大規模なトマト温室がある。温暖なアンデス原産のトマトがハウス栽培で、オランダという寒冷地にもかかわらず量産されている。水に加え培養液や濾過された外気、更に炭酸ガスも配管を通じ供給され、採光や保温なども自動化するなど多くの工夫で、生産性を上げ、輸出でも稼いでいる。自動化の程度や、ハウスの規模も年ごとに進歩し、更に生産性を上げる努力がされている。

２００９年のオランダと日本のトマトの粗生産額はほぼ同じ

で、１８００億円程度であった。日本では全量国内消費され、オランダでは８割が輸出されている。相場価格はオランダではキロ当たり約１００円で、日本では３００円だった。施設面積はオランダで１６２８ha、日本では７７１４haと5倍ほどの面積で、収穫量は３分の１だったので、単位面積当たりの生産性は、オランダが日本の15倍になっていた。

直近の報告では日本でも生産性が上がり、８倍ほどになっているが、それでも大きな違いである。こうした生産性の差は、消費者には商品が高価なものになり、生産者には低い収益しか得られない構図となっている。トマトを例にした、価格と収量の違いを国際比較した一例でしかないが、実はトマトに限らず日本の農業の生産性は国際比較すると著しく低い。これは農業に従事している人が、生産性の低い仕事に甘んじているだけでなく、消費者に高いものを買わせていることになる。

ただ、品質の問題にも触れておく必要がある。日本のトマトは、多くの人が認めるようにおいしいものが多い。完熟してから摘み取ったトマトは、そのまま食べる場合は特に美味しいという。しかし、トマトはケチャップや、トマトソースなどに加工されるが、こうした加工品は輸入されるものが多い。

☑日本農業のこれから

日本は狭く起伏の多い土地など農業には不利な条件で、生産性が低いのは、そうした地形が大きく影響している。６０００余りの大小様々な島からなる日本は、３分の２ほどが山岳地帯で森林に覆われた不利な土地柄に、棚田や段々畑などを造成し、大変な苦労をして食料を確保していた。だが、更に生産性を上げるのは日本では困難で、新たな政策が必要になっている。

一方、海外の農地は起伏が少なく広大で平坦な土地が多い。細切れにしないですむ地形で、効率的な作業の出来る農場の設計が可能である。機械化や大規模な自動機の導入もしやすく、特に穀物では、単位面積当たりのアメリカやオーストラリアの生産性は、日本の30倍ほどを実現している。

これだけ大きな生産性の差は、アメリカやオーストラリアで10人で切り盛りして得た生産量と同じ収穫を得るには、日本では３００人が必要となる。これは、コストの差となり、日本の穀物のコスト競争力は全くなくなっている。そのため、家畜のエサなどは輸入に頼らざるを得ない。

生産された穀物は全てを人間が食用にするわけではなく、人間が直接食べるのは、生産量の45％ほどにすぎない。国連ＦＡＯによると、生産された穀物の３分の１（約８億トン）が、ウシ、ブタ、ニワトリなど家畜のエサに利用される。残りの２割ほどは、バイオマス発電など食用以外に利用されている。また、牛肉を1キロ作るのに約11キロ、豚肉だと1キロ作るために7キロ、鶏肉では4キロの飼料となる穀物が必要で、それで育てた食肉を人間が食用に消費している。

また、食料供給には、畜産業（日本の統計では農業に含まれる）、や林業、魚介類や昆布、ワカメなどの水産業も必要だが、その割合は農業ほど多くはない。だが、それは直ちに重要ではないという意味ではないし、『問題』がないということでもない。

4 ジキルとハイド＝食料の自給と廃棄

日本は主食という考えでご飯を中心に、魚や野菜など副食のおかずとの食生活だった。近年、欧米の食事形態も導入され、肉や乳製品、油脂なども多く使われるようになり、食材の輸入の割合が高くなっている。輸入が増えたことと、食材の廃棄が多く、食料事情を複雑にさせている。途上国での不足分より、先進国での廃棄の方が多く、日本もその例に漏れず、賞味期限切れの食品、レストランや宴会での食べ残しと、毎日多くを廃棄している。

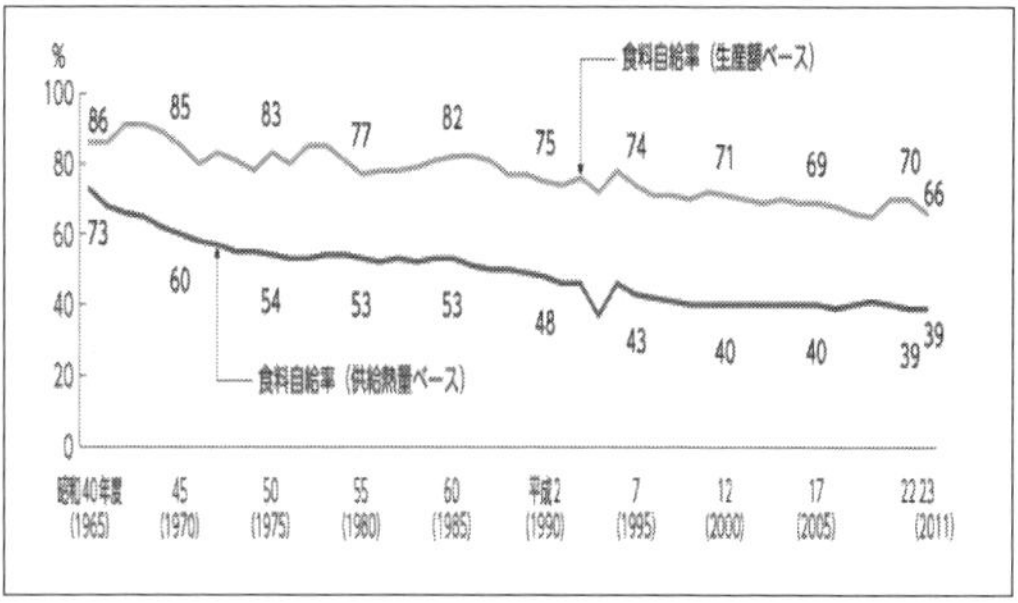

図３　食料自給率推移

資料：農林水産省「食料需給表」

☑食料輸入：自給率

農水省の「知ってる？　日本の食料事情（２０１５年）」には、１９６５年からの食料自給率の推移がある。食料消費が国内生産で、どのくらい賄えているかの自給率は、カロリーベースで１９６５年には73％あったが、２０１４年には39％に減って、約６割を海外に頼っていることになる。

　カロリーの比較的少ない野菜や果実、畜産物などでは、価格ベースでの自給率も計算している。１９６５年には86％あって、２０１５年には64％に減っている。穀物に関しては重量でも算出して、現在46％ほどの自給率だが、家畜のエサも含めると30％以下になる。穀物は自給生産している先進国が多い中で、日本は最低水準の自給率で、日本の食生活は不安定なものだとの見解もある。

　また、日本が輸入している農産物を生産するために、１２００万haの農地が海外で使われているとの試算もある。国内の田畑の面積を合わせても４６５万haに過ぎず、日本のために国内の倍以上の農地が海外で使われている。輸入されている農産物は穀物がほとんどだが、砂糖や植物油などのプランテーション作物の輸入も多く、特に途上国の生活にも大きな影響を与えている（農水省「食料需給表」、「耕地及び作付面積統計」、財務省「貿易統計」、FAO「FAOSTAT」等から農水省〈2007年〉が試算）。

1980年頃迄は自給していた米が、カロリー摂取の5割弱を占めていて、畜産物や油脂の消費は少なく、自給率としては高かった。そのため米を中心とし、水産物、野菜等多様な副食とで、「日本型食生活」の質素だが比較的良好な栄養バランスを実現していた。食生活の変化で、米の消費が減り、畜産品や油脂の消費が増え、たんぱく質、脂質、炭水化物からのカロリー比率のバランスが崩れ、脂質の摂取過剰と、米等の炭水化物の摂取不足がみられ、自給率の低下にもつながっている。

日本が輸入をしている小麦、大豆、トウモロコシなど穀物は国際相場は安く、2014年にトウモロコシを4085億円、小麦と大豆も2000億円ずつ輸入している（農水省）。合計8000億円程度で、輸入食料全体の2割に満たないが、輸入出来なくなる事態も考えておく、いわゆる食料安保論がある。

農水省は食料自給力といった、潜在生産能力を表す指標を設け、輸入を55％以下に、価格では27％以下になれば、当面安心としている。即ち、カロリーで現状の39％を45％に、価格では今の65％を73％に目標設定している。食料市場が逼迫して価格が上がれば、同じものを輸入しても価格での自給率は下がる。逆に相場が下がれば自給率は上がるので、数字にあまり意味はないかもしれない。

実際に食料が逼迫したときの非難を逃れるための議論かもしれないが、国民がいつも能天気に過ごしていることから、少しは考えてもらうキッカケになるかもしれない。

☑食料廃棄：日本は廃棄大国

世界で約40億トン生産された食料の約３分の1、13億トンほどは廃棄される。これは飢餓人口10億人を養える量で、先進国の消費者は、サハラ以南のアフリカ全食料生産（2億3000万トン）と、ほぼ同量（2億2200万トン）の食料を、食べ残しや賞味期限切れなどの理由で捨てている（ＦＡＯ「世界の食料ロスと食料廃棄――その規模、原因および防止策」2011年）。

特に日本では、毎日多くの食べ物が捨てられ、消費者庁「消費者白書（2018）」によると、年間の食品廃棄物は推計2842万トン、うち食品ロスが646万トンとある。事業者からが357万トン、家庭からが289万トンと家庭での食品ロスも多い。もったいないと思いつつ「食べ切れなく」、「おいしくない」とムダにしてしまった経験は誰にもあるだろう。日本の食料消費量は８２９１万トンで、34％もの食料が廃棄され、世界で一番食べ物を無駄に捨てているとしている。

廃棄食料の総額は年間11兆円になり、これは農業の生産額と同じで、さらにその処理に2兆円ほどかかっている。廃棄される食品の生産と廃棄に使うエネルギーは、温室効果ガス排出の大きな要因になっている。即ち、無駄にエネルギーが使われ、地球環境に悪影響を与えている。

一方無駄や廃棄を少なくする努力もされ、コンビニのＰＯＳシステムには、天候や気温、曜日、日時などの売上データがあり、当日の仕入れを調整している。予測は年々精度が向上し、近くにイベントやスポーツの試合があると、天気も考慮し、参加人数を予測し、仕入れ対応をしているが、販売機会損失を嫌い、多めに発注するので、売れ残りはなくならない。残りは当然廃棄される。

２０１８年2月の『朝日新聞デジタル』に「コンビニやスーパー、百貨店に並ぶ季節商品の恵方巻きに、売れ残りの大量廃棄がある。産廃処理業者に恵方巻きや関連食材が運び込まれ、破砕機に入る。節分の頃に恵方巻き関連の食材が増え、処理され豚の飼料となる。普段の倍ほど、食品工場で仕入れ、具材のままや、出荷もされずに、店頭にも並ばず廃棄される」と載った。イベントを仕掛けて、売り上げを伸ばしたい思惑も分からなくはないが、飽食に輪をかけ、廃棄を増やしている。

☑食料廃棄：少ない日本の廃棄

こうした多くの食料廃棄の一方で、日本の廃棄は世界平均を下回っているとの説もある。日本が廃棄する食料２８４２万トンがあれば、飢えて亡くなる人を救える3倍近くの量になるが、それには、生ゴミや天ぷら油、剝いた野菜の皮まで含んでいる。また、輸入量と廃棄量は重量で比較し、廃棄する段階では、生ゴミも加工食品も価格に換算されていて、それでは実態を表すことにならない。

問題なのは「廃棄食品」全体で、日本は外食産業やコンビニ、スーパーが発達し、調理済みの食品が多く「食品ロス」は多いが、「食品廃棄率」は逆に低い。調理済み食品が多いと、金額では未調理の何倍にもなる。廃棄食品の価格が輸入食料価格に匹敵するとしているが、原材料と加工食品を価格で比較する意味はない。統計数字は気を付けてみないといけない。

また、食料廃棄を正確に調査している国は少なく、生産量は分かるが、どの国も輸出入があり、流通量が正確には分からない。廃棄食品となると、信頼できる調査結果を発表しているのは、日本だけだろう。ＥＵ諸国でも信頼できる数字は少なく推測が多い。調査の難しさに「生産調整」の問題もあり、産地の調整で大量廃棄することもあり、食料輸出国の廃棄率は、公表値よりかなり高いと思われる。

日本の食料流通量８４２４万トンのうち廃棄は２８４２万トン、廃棄率は約34％で、１人当たり２２３kgになる。海外では市民団体や、政府機関の推測値を参考にしていて、ドイツは１人当たり約80kgとしているが、再利用分は引いてあると思われる。国連発表の生産量の３分の１廃棄なら、日本の廃棄率34％は世界平均ほどになる。廃棄量が標準的だから『問題』ではないということでもない。

5 消える仕事

☑ 必要なくなる労働

貿易が盛んになった現在、国内で消費される食料の全てを自給することは出来ないし、その意味もないが、２０１５年に農業人口は２１０万人いて、日本の農業のＧＤＰ（国内総生産）は10兆円ほどで、供給量は13・５兆円ほどになっている。食料の輸入も穀物などの原材料から、冷凍食品や乾麺、カップ麺など加工食品も多くなっているが、単純な比例計算では**２８５万人**、人口比**２・２５％**ほどの人が農業に従事していれば、自給できたことになる。但し、飼料用などの穀物は含まれていない。

住居に関しては、日本に８００万戸以上の空家があり、すべてが使える状態ではないにしろ、住宅の量的な供給は必要ない。また、２人家族で70平米、４人家族で１００平米ほどあれば、快適に暮らせるとしていて、1人当たり37平米の住空間があるので、質的な要求も満たしている。しかし、日本の住宅は木造が多く、耐用年数が短く、建て替えや改築などの需要があるし、点検、保守、修理、改装、更にリフォーム、改造も必要で、新規需要を含めた供給力は、一定程度確保する必要がある。

１９９０年代に住宅着工が年間１００万戸を超えたこともあったが、近年は35万戸近辺で推移している。アパートやマンションの住宅も供給は細り、年間10万戸ほどである。住宅需要が旺盛だったころ、工務店に年間５兆円規模の売り上げがあり、10万人ほどの従業員を抱えていた。集合住宅も、およそ同等の売り上げがあったが、近年では、単身世帯などの増加で世帯数は増えているものの、新規住宅需要は半減し、毎年50万戸程度になっている。

それでも、住宅供給とその保守、改造改築などには5兆円の市場規模が存続し、**10万人**ほどの従業員が必要と思われる。そうすると、1億２７００万人の総人口に対して**０・０８**%の人が住宅供給に従事してくれれば、住居に関する供給が十分なことになる。これには、新規供給の住居のみならず、リフォームといわれる改造、改築、改装なども含めた供給能力として計算されている。

この計算には、大規模な災害などで復興に必要になる建築の需要は考慮されていないし、個人の住宅に限った住居の建築需要で、会社やホテル、競技場、学校、役所などの公共建築物や、道路、橋梁、鉄道、空港の土木工事などの需要も含まれていない。

☑衣類の供給

日本で生産されている衣料は、高付加価値のものを除いては少なく、繊維産業の労働力の多くは途上国に依存している。２０１３年の経産省資料では、毎年40億点ほどが供給され、20億点ほどが廃棄されている。廃棄される衣料のほとんどが、通常の利用に耐え、20億点の衣料は1人当たり16点になり、資料の通りなら10年もすると1人当たり１６０点もの衣料が溜まってしまうことになる。

日本の人口は過去10年ほど、ゆっくりと減っているので、供給される衣料と同量以上ののが、廃棄されていると考えた方がよい。実際は、毎年１００万トンを超える衣料が供給され、ほぼ同量の衣料が、廃棄されていると思われる。１００万トンはほぼ**40億点**になり、１人当たりにすると30点以上の衣料が提供され、同じだけの点数が廃棄されていることになる。

今では、衣類に利用される繊維は化学繊維が大きな割合を占めて、ここでも中国が圧倒的な生産量を持ち、全世界の3分の2を超える生産をしている。この傾向に拍車がかかり、中国の生産増に反し、欧米とアジアでも、減少傾向か横ばいである。日本の繊維産業の衰退は顕著で、１９９０年代に13兆円近くあった売り上げが、２０００年代には4兆円を下回っている。

経産省資料では、１９９０年には繊維産業の従業員は97万人、点数（数量）ベースでは70％ほど、金額では55％ほどを輸入していた。それが、２０００年には従業員が60万人に、輸入は

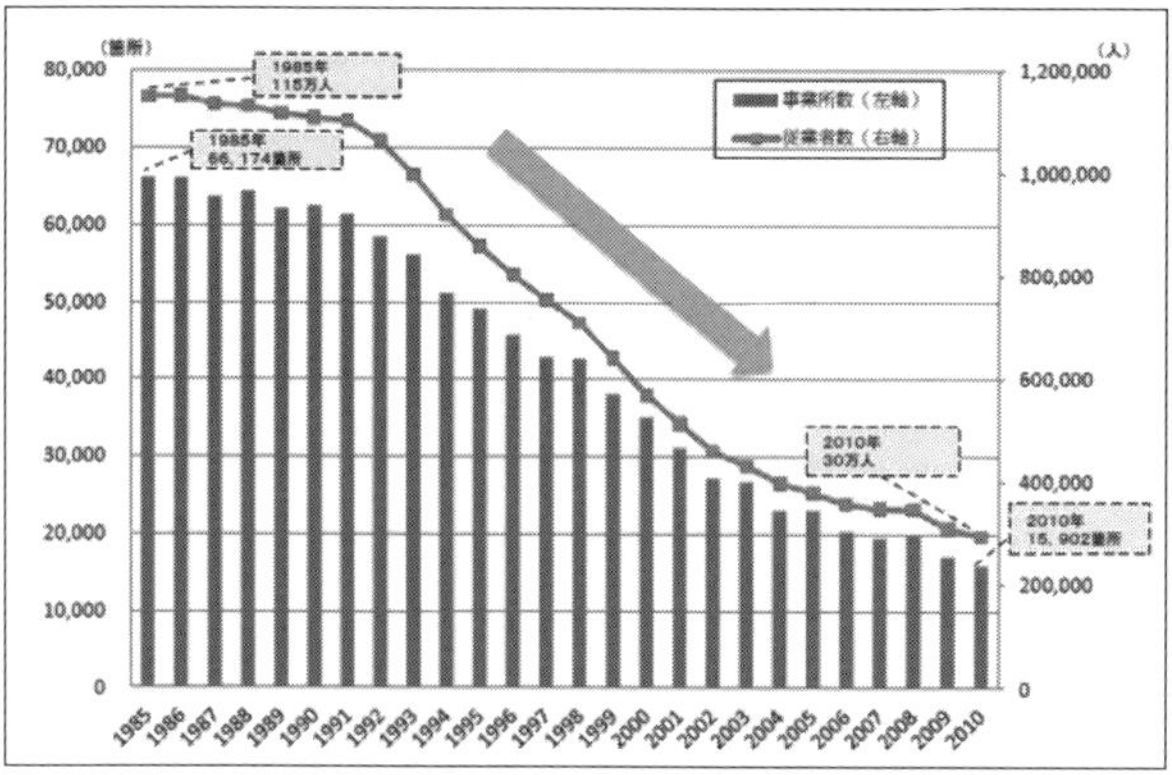

図４　繊維産業の事業所数及び従業者数

出所：経済産業省「工業統計」

数量で80％、金額では減って45％になっていた。繊維あるいは衣料という、開発途上国がまず経済の発展に手掛ける産業なので、先進国では輸入が増えてゆくという必然性がある。

そのため、日本では２０１０年にはほとんどを輸入に頼る傾向となり、繊維産業の従業員は30万人と半減し、金額ベースの輸入は70％、数量ベースではなんと95％が輸入となっている。また、繊維産業の従業員は未だ30万人を数えるが、その多くは既に衣類とは関連の薄い、グラスファイバーとかカーボンファイバーなど、自動車或いは航空機などの部品特にボディ部分に使われる構造材や、化学繊維の軽量で強靭な特性を活かした、シート素材などにビジネスをシフトしている。

日本の繊維業界全体を見渡しても、売り上げが２兆円程あるトップの東レでも、売り上げ全体の繊維に占める割合は3分の1程度である。これらの繊維は、ソファなどの家具や自動車のシートなどにも利用されていて、それらを除くと、衣類に利用されているのは半分以下になる。

現在の繊維製品の5兆円の売り上げのうち、輸入が95％を占めているので、国内で生産される衣類は2500億円程度でしかない。それらのほとんどが、高級な衣類で日用品ではない。また、日本で生産されているものは、アウトドアやスポーツ用のアラミドなどに変化している。

衣類は単価の安いものが多く、日本で必要な全量を国内生産しても、現在の5兆円の半分以下の2兆円ほどで、点数も20億点あれば充分だろう。単価1000円ほどで、2万人、人口比0・016％ほどの人が従事してくれれば、必要な衣類が供給できる計算になる。それなりの設備は必要になるが、従業員はそれほど多くが必要にはならない。自動化を進めた設備であれば半分程度でも可能であろう。

衣食住を自給するのに、食料では300万人、人口比で2・4％の人が、住居では10万人、0・08％の人が、そして衣類の供給には2万人、0・016％の人が働いてくれれば、衣食住の確保ができることになる。312万人、2・496％になるが、この数字には自動化やAIの導入などの効率アップは考慮されていない。即ち現在でも、日本の人口の2・5％が働いてくれれば、生活必需品は供給可能と言える。

第３章　負の遺産

1 負動産、座礁資産

☑供給過剰

日本での衣食住は今、国内生産に穀物などの不足はあるが、輸入で補い食品は供給過剰。衣類も輸入が多く、無駄や廃棄を前提に仕入れ、これも供給過剰。住居も個人住宅に新築の需要は少なく、生産能力は過剰で、補修や改築、増築などが出来ればこと足りる。

公共事業に関しては、１９９０年頃に景気対策に10兆円ほどが投じられ、そうした中には国からの補助金獲得で設置や建築が目的になり、利用計画が充分検討されず、受益者のコスト負担計画も杜撰で、施設の運営維持、補修などで困っている場合が多い。１９９０年以降、財政問題を抱える自治体も出て、公共事業を「箱物行政」だとする認識が国民の間に広まり、２０００年代中頃には7兆円前後にまで減少している。

本来、道路や橋、空港や港湾設備、公園や会館、上下水道などのインフラの整備を行う公共事業は、それらが有効に活用されることで、住民の利益になり、地域に経済波及効果も期待されるが、逆に利用が振るわず放置されると、廃棄も出来ず**負動産**、**座礁資産**となる。

☑ 座礁資産

『座礁資産』という言葉は、２０１１年に国際環境ＮＧＯのＣＴＩ（Carbon Tracker Initiative）が発表した報告書「燃やせない炭素」の中で提唱した概念で、従来の資産が価値を失い、極端な場合は負債と化してしまうことを言う。地球環境の変化で、気温上昇を抑えるのに、化石燃料などの燃やす量を制限し、炭酸ガスの排出量を減らしたり、化石燃料の埋蔵量が少なくなり、再生可能エネルギーなどのコスト低下で、従来のエネルギー供給設備の資産価値がなくなることを表している。

俗にいう、「卵を産まなくなった鶏」で、この概念は、様々な分野で適用できると考えられ、原発などのエネルギー分野や、農業分野、武器産業などの分野でも座礁資産化する設備があると言われている。石炭火力発電は、座礁資産化するとの指摘があるが、むしろ、原発の方がその可能性が高いと考える識者も多く、日本には「燃やせない核燃料」が溢れている。

卵を産まない鶏は食用になるが、石炭火力発電ではつぶしても食えないし、つぶすのにコストがかかる。確実に座礁資産となる原発は、廃炉にするのにも莫大なコストがかかり、資産が大きな負債に変化している。日本にはこうした隠れ**負動産**、**座礁資産**がいたるところにあって、負の遺産となっている。

2 違法・グレーゾーン

☑反社会的活動

日本人は、本音と建前を使い分けるといわれていて、本来は違法のものが、堂々とまかり通っていることがある。例えば賭博、ギャンブルは法的に禁止されていて、賭け麻雀で金銭の授受があれば違法である。ゴルフでも、相撲でも、賭けをして、その結果で金銭の授受があれば、個人間でも違法になる。ところが、競輪、競馬などいわゆる公営ギャンブルは、5兆円ほどの金が動くが、違法ではない。

世の中には色々な非合法な活動があり、暴力団やヤクザなどと結びついている。それらには、摘発されれば犯罪になる、売春、覚醒剤、麻薬、違法薬物などがある。また、暴力団は風俗営業や深夜営業のバーなどの警護を建前に、「みかじめ料」として、金品をせしめることがある。用心棒か警護なのか、ゆすり、タカリなのかが曖昧で、一概に非合法と断ずることが出来ないグレーゾーンのものもある。

☑ 違法ビジネス

法律が国によって異なるので、例えば拳銃を持っていると、それだけで罰せられる国もある一方、護身用や狩猟用には、自由に銃を持つことが出来る国もある。前者は日本や韓国、後者にはアメリカや北欧諸国などがある。拳銃などの製造業者が、規制されないように政府に働きかけているので、何度も銃の乱射事件などが起きても、アメリカでその規制をしようとする動きは鈍い。

世界では5億〜6億丁ほどの銃が所有されていて、スイスや北欧では、3人に1丁の割合で所持されている。日本では銃の所持が厳しく規制されているが、規制を潜り抜け密輸入もされ、暴力団などは入手している。個人が正当な理由なく、銃の所持を禁止している現在の規制で不便を感じている人は少ないだろう。日本の現状の規制で『問題』はないだろう。

紛争の地域に武器や兵器を斡旋する、「死の商人」がいる。必要とする当事国で購入して利用することは、違法でもないし、生産や販売する側も、輸出して売り上げが伸びるので、違法としていない国が多い。日本では、戦争に繋がるとして武器輸出は法律で禁止されていたが、2014年に国際平和に貢献し、日本の安全に寄与すると認められた場合、輸出が承認され、事実上武器輸出が解禁されている。

武器の次に違法ビジネスで規模の大きいのは、麻薬と覚醒剤だと考えられている。きちんとした統計がないので、時々摘発される取り引きや密貿易の規模の大きさが報じられるが、これらが全てでないことは承知の上で、ビジネスの規模を想定しているに過ぎない。

武器と麻薬に次いで人身取り引きが、世界的に最も儲けの多い違法ビジネスとなっている。２００７〜２０１０年の間に１１８カ国で人身取り引きが確認され、被害者の国籍は１３６カ国にのぼり、被害者の55〜60％が女性だった。また、海や陸を越えて他国へ密入国しようとする不法移民たちから、密航斡旋業者のネットワークが利益を得ている。２０１４年には、主としてリビアから欧州へ向かう密航船が地中海で転覆・沈没して約３５００人が命を失っているが、もっと多くの犠牲者がいる可能性がある。

☑賭博

多くの国で賭博は禁止されているが、カジノなど公認されている賭博も少なくない。

公営ギャンブルは日本に中央競馬、競輪、競艇、地方競馬とオートレースの５種類あり、中央競馬の４兆円、競艇、競輪が各々２兆円ほど、地方競馬が１兆円、オートレースが３０００億〜４０００億円、合計で最盛期には９兆円の売り上げがあったが、最近は６兆円ほどになっている。これらは、各々関連の法律で法的な免許を受けた法人か、地方自治体が運営していて違法ではない。加えて、宝くじの販売が１兆円ほどある。これに当たれば金銭を受け取るが、関連の法律があり、これも違法ではない。

パチンコは、最盛期には34兆円を超える売り上げがあって、現在は20兆円ほどになっているが、賭博ではない。1日600億円ほどの売り上げがあり、85％＝510億円ほどを還元し、粗利は日銭で90億円ほどになる。パチンコで勝っても現金はもらえず、景品だけで、近くに景品買い店舗があって買い取ってくれる。今では買い取りを古物商にして、建前上金銭の授受がないことになっているので、賭博ではなく遊戯にすぎない。

巧妙ともいえない簡単な仕掛けで、パチンコは堂々と賭博ではなくなっている。そうした基盤が揺るがないのは、パチンコ店からの献金が、与野党を問わず多くの議員にばらまかれているからで、議員たちは遊技業振興議員連盟とかカジノ議員連盟、パチンコチェーンストア協会などに属し、顧問料などを受け取っている。ネットにはどんな議員がどのグループに属して、パチンコ業界に貢献しているかの情報もあり、参照されたい。

パチンコ経営者は在日朝鮮人が多く、大金が北朝鮮に流れ、ミサイルや原爆の原資になっているという。大金が動くところには、ハイエナのように有象無象が群がり、むさぼる。パチンコ関連には、警備のために、警察関連から多くの天下りもある。法的な揉め事を収めるのにも、当局から顧問として迎え入れている。

東京商業流通協同組合、保安通信協会という名前の団体があるが、どんな団体か想像がつくだろうか。前者はパチンコの業界団体で、出玉と交換された景品を換金する組織の組合。後者は警察庁の外郭団体で、遊戯機、即ちパチンコ台の適正検査をし、試験に通った機種を営業用途へ検定したり、店舗営業の許可を与えたりする権限を持った財団法人。その会長は、警察庁長官の天下り指定席といわれ、団体職員の３分の１は警察出身者が占め、遊戯機メーカーへの警察関連からの天下りも多い。

大きなパチンコ店では開店前から並ぶ人の列が出来て、虚ろな目をした、明らかに依存症だろうと思われる若者が並んで、開店と同時に台を選んで座る。１分に１００発ほどが打て、２分半で１０００円分打てる。時に当たりが、稀に大当たりが出て、25分で１万円分打てば、平均８５００円ほどの出玉がある。25分で１５００円を失い、１時間で３６００円、１日パチンコで頑張ると３万〜４万円が消える。

当たりや大当たりが不規則に出て、続くかもしれないと思わせる罠なのだ。安いか高いかは考えようだが、毎日３万円、週休2日でも月に60万円も必要になる。金持ちにしか出来ない遊戯だが、金持ちはパチンコなんかはしない。だが、いずれの賭博も同様、胴元以外は儲からない。金に飢えている人だけが、まさかの大当たりを夢見て依存症に陥る。ほとんどの人が分かっているが、未だに健在である。

韓国ではパチンコは法律で禁止され、現在では闇でしか出来ない。まっ昼間から堂々、こんなバカらしい遊戯を許している国は、世界中探しても一つしかない。ところが、どこにも屁理屈をいう輩がいて、こんなモノにもメリットがあるという。それは、暇を持て余している人間を、犯罪や、極端な場合テロなどの組織に走らせないため、パチンコが簡易な娯楽として、それらの防止に一役買っているという。

逆にパチンコにはまり、負けが込み、カネ詰まりにおちいり、万引き、窃盗などをする例や、駐車場の車中にこどもを置きざりにし死なせたり、夫婦離婚の果てに、一家離散などの例は枚挙に暇がない。ギャンブルの借金は、自己破産の免責がなく、死ぬまで借金に追いかけられ、悲劇の引き金になる。これが、政府公認ではびこっているギャンブル……ではなく遊戯で、人心の荒廃に拍車をかけている。

3 犯罪

日本にホームレスは1万人ほどしかいないのに、犯罪に手を染める人間は年間100万人を超える。100万件前後の犯罪のうち7割は窃盗で、その約3分の1は自転車泥棒で、多くの国で最も多い犯罪となっている。次に万引きが続いて16%ほどになる。犯罪が成立するには、被害者の届け出か、現行犯で逮捕されて認知されることが必要。従ってスリや置き引きなどに金品を盗られても、被害者が気がつかなかったり、泣き寝入りした場合は、犯罪とは認知されないので、実際にはもっと多くの犯罪が起きている。

かつて年に２００万件ほどの犯罪があって、その３分の１は道路交通法違反で、事故に繋がる違反が大きな割合を占めていた。今は道交法違反だけで年間約７００万件もあり、スピード違反や駐車違反などで、罰金や科料だけの行政罰は、犯罪とはされていない。

犯罪はとても非生産的な行為で、負の側面しか生まない。被害者はモノを盗られたり、怪我をしたり、殺されたりする。盗難にあえば被害者は財産を失うが、加害者に移転するだけで何ら生産性には寄与しない。それでも被害があれば、捜査には警察官、治療には医師などの労力が発生し、社会的な損失になる。器物損壊があれば、それも社会的損失だ。

犯罪の取り締まり、犯人の検挙、裁判、服役などにも多くのコストがかかる。犯人が検挙され、有罪が確定し、刑務所に収監された場合のコストだけでも、毎年２０００億円以上かかっている。日本には、現在９万人ほどの収容可能な刑務所があって、７万人ほどの受刑者がいる。５万人ほどが毎年新規に入所し、ほぼ同数が刑期を終えて出所してゆく。こうした刑務所と厚生施設にかかっているコストを、受刑者数７万人で割ると、１人当たり年間３００万円以上になる。

犯罪を減らすことが出来れば、国の歳出を大きく抑えることが出来る。単純計算だが、半減したとすると、毎年1000億円のコストを節約出来ることになる。被害額はこの計算に含まれておらず、殺人、傷害などの、人的被害は計算のしようもないが、社会的な損失を大幅に減らすことになる。また、犯罪を減らすことは社会生活の安心安全につながり、国民の幸福度にとっての重要度は高い。

☑犯罪のコスト

極端な例で、山口県に「美祢社会復帰促進センター」という名の刑務所がある。1300人の収容能力を持ち、1000人もの職員が働いている。刑務所らしくない名前だが、ハイテク技術を活用、各種センサーを装備、安全性を高め、受刑者の施設内の所在を把握する仕組みや、保安に万全を期して、内部では職員・来訪者含め無線タグを装備し、位置情報をリアルタイムに把握している。

工業団地だった「美弥テクノパーク」は、バブル崩壊後の景気低迷で1997年の分譲開始以来、一社の企業進出もなく、その活用を模索していた。定員超えの刑務所が増えていて、2001年より矯正施設の誘致を始め、2004年に矯正施設の設置が決定。2005年には競争入札で、セコム、新日鉄、清水建設、小学館を中心としたグループが落札、「社会復帰サポート美祢株式会社」を設立、運営にあたっている。地元では不安や反発もあったが、

２００７年に日本初の官民協働の刑務所として発足した。

サービスの提供主体、刑務所管理にともなう行政責任は、国がすべてを負うが、受付、見張り、巡回、教育、清掃、給食の業務を民間が担当する混合運営方式をとる。ここには塀も、コンクリート壁や鉄格子はなく、従来の監獄とは一線を画している。受刑者に職業訓練をする設備があり、パソコンのスキルを研修出来、受刑者の厚生と再犯防止を実現し、国民の安全・安心な生活を確保したいとしている。

だが、平均的な刑務所の2倍から3倍のコストがかかり、1人年間８００万円以上になる……。なんだか怪しい。山の中に突然壮大なレジャー施設かホテルとも見紛うばかりの建物が現れ、これが刑務所だという。山口県の有力政治家と法務省の役人が結託して作った、天下り先のようにも見える。これらにかかるコストは、建物の家賃も、天下りを含めた従業員の給与も、すべて国が出す。待遇が良いのは中に入る受刑者に限らず、そこに働く天下りを含めた、従業員もそうなのです。

選挙対策や利益誘導でなければ良いが。

4 何より悪い戦争

戦争を称賛する人はいない。しかし、ものは言いようで「悪を滅ぼすために、戦いに挑む」という人は、古今東西たくさんいて、100年どころか1000年前のレベルと変わっていない。「悪」というのは、当然自分と違う考えであることや、見解の相違である。

また、領土を拡大しようとたくらむ国は、日本の近隣にもある。北方領土、尖閣諸島、竹島など日本が抱えている領土問題もある。北方領土は、4島のうち2島は日本に返還するということになっている。だが、日本は2島返還のあと、残りの2島も返して欲しいと言っている。引き分けにしようと言って、2島を返せば御の字だと言う。ところが返すという2島は小さいので、引き分けにするなら、面積が同じように分けようと、ごちゃごちゃ言う。こうして埒があかない状態が、戦後何十年も続いている。

交渉して、4島全部を勝ち取りたいと思っても、相手は全部やってしまったら、メンツは丸つぶれ、国民の支持も失い失脚する。そんな方向でまとまるわけがない。それなら触らぬ神にたたりなし、そっとしておけば良い。平和条約が結べなくても困らない。一部の山師は天然ガスや資源開発で儲けたいのだろうが、国民は関係ない。だが、忘れてしまっても良いわけではない。あれはうちのものだよと、折に触れて言わないと、国境確定になりかねない。そんなにメリットはないので、不安定な状態で安定させれば良い。

不安定な状態を続けないで、かたをつけたいと思って、紛争から戦争になることが、最も良くない。小さな島がなくても、人的被害がなく、戦争にならなければ良い。実効支配されている島で墓参のため、元島民がビザなし渡航をするが、墓参が出来る出来ないは、領土の確定には関係ない。サハリンは全体がロシア領だが、南半分は日本の領土だったことがある。日本人が墓参でも、そこに行くには、ロシア政府の発行するビザが必要で、他国の領土に行くには、当たり前の話である。

☑なくならない戦争

１９４５年の敗戦以来、日本が当事者になって戦争をしたことはない。だから「平和ボケ」などという人もいるが、平和ボケが一番良い。小さな島の帰属を巡って争っても、何の得にもならない。戦争になったら悲惨なことになる。勝ち負けに関係なく、多くの人が死に町や村が破壊される。ジュネーブ条約やウィーン条約があっても、日本の近くには、そんなことを知らない国家元首がいるかもしれない。

それでも日本は何とか戦争に巻き込まれないで、70年以上を過ごしてきた。１９４５年以降、市民はもとより、兵隊さんも戦争で死んだ人はいない。日本に兵隊さんはいないという人もいるが、自衛隊員と置き換えても同じで、日本はこれからも戦争に巻き込まれる心配はないだろうか。日本経済は安定していて、独裁ではないかもしれない、近隣諸国との関係も、安定しているみたいなので、心配はない……だろうか。

その一方で防衛庁を防衛省に変えたし、自衛隊を憲法に明記し、九条も変えたいというのが現政権の意向だ。何故そうした方向に行っているのかは、メディアもあまり報道しない。日本を取り巻く環境は、軍事的に穏やかではない。ミサイルだ核爆弾だと騒いだ挙句、食うに困って平和を希求するなどと、白々しい国や、南沙諸島を埋め立て軍事基地をつくって、領海侵犯や領空侵犯を繰り返し、挑発をする国がある。

こうした国から遠くに引っ越すことは出来ないので、挑発に乗らないことが肝要で、戦争をしないための努力や忍耐は、戦争を始めるよりずっと難しくなっている。

☑防衛と災害支援の狭間

日本に憲法第九条の制約があり、自衛隊は専守防衛の整備が進められ、海外展開はそれを超えるとしていた。１９５８年には国連の停戦監視要員としてのレバノンへの派遣要請も断っている。１９８０年には米軍との共同演習で、海上自衛隊がハワイ周辺海域へ派遣をしている。以降、自衛隊は直接の武力行使を目的とせず、復興支援や地雷、機雷除去や災害救助、後方支援などを目的として何度か海外派遣されている。

１９８７年にはＪＤＲ（国際緊急援助隊）が設置され、関連専門チームが自衛隊以外の組織とも共同して出来ている。１９８５年にイラン・イラク戦争で、フセイン大統領が上空の航空機を無差別攻撃すると宣言、イラン在住邦人の救出が必要になった。当時はまだ、政府専用機もなく、民間航空に要請したが、乗員の安全確保が困難で、チャーター機派遣を拒否。空輸による救出を断念しかけていたが、トルコ政府が邦人の輸送も引き受けてくれ、イランからトルコまでの輸送をしてくれた。

こうした経緯と、海外でのテロや紛争が多発するようになり、日本が紛争地域で救助活動も出来ないのは問題であるとして、１９９２年にはＰＫＯ（平和維持活動）法が成立、紛争に起因する災害にはＰＫＯで、それ以外の自然災害がＪＤＲの担当という区分になった。また１９９２年に、政府要人の公務の利用と、緊急対応用に専用機を導入し、邦人救助などにも利用できるようになった。

１９９１年のペルシャ湾の機雷掃海目的での派遣を皮切りに、自衛隊は後方支援や復興支援で派遣されるようになり、またＰＫＯでは、１９９２年のカンボジア暫定統治機構へ、停戦監視などに６００名ほどの派遣を始め、モザンビーク、ゴラン高原、東ティモール、南スーダン、イラクなどに派兵している。ソマリア沖海賊の対策部隊として、２０１５年には司令官の派遣もしている。イラクへの派兵は、紛争地帯とはどんなものかが国会で論争になり、2017年5月には、紛争が激化したとして引き上げている。

紛争や戦争に関連しない災害対応での派遣は何度も行われ、その能力の高さと真摯な活動から、海外では高く評価されている。こうした活動を自衛隊が行うことに異を唱える人はいないだろう。

だが、危険な既成事実づくりになってしまうかもしれない。自衛隊の実力が認知されると、海外から紛争地帯へも派遣して欲しいとの圧力が高まる。憲法九条は戦争放棄を謳い、ベトナム戦争当時、アメリカや国際的な圧力の派兵要請を断っていたが、韓国などは実際に派兵し、ベトナム戦争に加担している。派兵しなかった日本を、ベトナムは非常に評価してくれているが、海外派遣の実績も積んで、装備も高度になり、戦闘地域への派兵をしないことが、理解されにくくなっているのも事実だろう。

そうした状況を考慮しても、憲法九条を変更して戦争への加担が出来るようにはするべきではない。防衛は、ゲリラに対しては現状の陸海空自衛隊の装備と規模で、ミサイル攻撃には迎撃ミサイルで、それを超える攻撃には、日米安保に頼ることが基本になる。専守防衛の基本は変えず、装備を防衛に限って持つだけでも、海域の広い日本には大変な負担である。これを基本に、日本は紛争地域や戦闘地域には派遣をせずに、日米安保を堅持し後方支援や戦後復興への協力は惜しみなくする。

しかし、日本は中、ロ、北朝鮮、韓国の近隣で、これらの国とは真からの親善が果たせておらず、一触即発になる場合もある。また、マラッカ海峡などでの海賊に対処するのに、更に同盟国のアメリカが攻撃されたときに、日本は派兵しないことや、支援出来ない立場が許されなくなってきているし、日本が国際会議などで受ける、紛争地域への派遣圧力も大きい『問題』がある。『正解《こたえ》』はない。

それには、ノラリクラリの対応をする狡猾な政治力が必要で、受けた圧力をそのまま持ち帰り、九条を変えたいなど、愚かな行動をする政治家はいらない。アメリカでゴルフをして、何とかしろといわれても、戦闘機でも、迎撃ミサイルでそれが役立たずでも、カネで済むことならいくらでも出して、とにかく日本が戦争に巻き込まれるのは、避けなければならない。政治力を駆使して紛争が起こらないよう、またつきすぎず離れすぎずの政策が賢明な選択で、これを基軸に「戦争放棄」の基本を放棄してはならない。

☑戦争をしたい人たち

戦争がないと不景気になる厄介な国がある。自国内での戦争でなくとも、世界のどこかで代理戦争でも、全く関わりのない戦争でも、ないと経済が停滞してしまう。アメリカである。特に、自国軍隊が戦闘をしなくとも、実戦がどこかであれば、それを歓迎する節がある。戦争装備に関する生産設備が過剰にあり、また生産された武器弾薬類も在庫が過剰にあり、消費しないと経済が振るわない。

世界中で一番大量の武器と、優れた兵器を持っているのは、米軍であることは疑いようもない。また、軍事技術も世界一である。偵察衛星から原子力潜水艦、空母、核爆弾、ミサイル、戦闘機、爆撃機、機関銃、バズーカ砲といった超高性能な殺人兵器を取り揃え、全人類を何回も殺せる量を保持している。同盟国にも売ったり、押し付けたりしているので、アメリカ製の戦争用品のシェアは高い。

アメリカには軍需に支えられた企業も多く、世界中にある武器、弾薬などの装備でも、多くの戦争に使える充分な量があるが、それらが利用されずに演習に使われるだけなら、売り上げの伸びは見込めない。実戦があって、消費されれば大量の需要が起こり、大きな売り上げになる。本末転倒だが武器弾薬の消費をしてくれる実戦はどこであっても、軍需産業にとって歓迎され、そのための工作をすることさえある。

緊張が高まれば高まるほど、多くの兵器が売れるし、日本や同盟国は、アメリカから高価な兵器を大量に購入する。自衛隊の戦闘機は国産というが、ライセンス生産で、ほとんどの部品はアメリカ製である。ミサイルを迎撃するミサイルもある。これが実戦に役立つかは不明だが、高い金を出して緊急購入している。まさにアメリカは、戦争様々ではないだろうか。迎撃ミサイルが実用にならなくても、抑止力になるかもしれないし、アメリカとの貿易バランスの調整には、こうした無駄づかいにも効果がある。

☑戦争が儲けのネタ

歴史的にもアメリカは、戦争で儲けている。アメリカは第一次世界大戦で中立を保っていたが、英仏とも大量の軍需物資をアメリカから購入した。開戦時30億ドルあった債務を1年で返済し、その上英仏が発行した戦時公債を購入、債権を大量に保有する債権国になっていて、英仏が負ければ、債権の回収が滞るか、回収不能になる。戦費や武器の貸与に奔走したウォールストリートの連中や、戦争で連合軍側に融資をした投資家たちは、利益の最大化を狙い、国民感情を参戦に向けて操り、政府に圧力をかけた。

彼らは大新聞や多数のニュース・メディアをコントロール下に置き、大規模なプロパガンダを展開、操られた国民感情をバックに、大統領は議会に参戦を呼びかけ、そして、アメリカは参戦した。参戦は正義のためでもなく、一般市民には何の繁栄も利益ももたらさなかった。戦争で犠牲となるのは、莫大な利益とは無縁な人達で、ウォールストリートの連中は、巨万の富を手にした。戦争や軍備増強は金儲けの手段となって、無辜の人の命を犠牲にすることを、ウォールストリートの連中や投資家は意に介さない。

甘い汁を吸ったアメリカは軍需産業が肥大化、何度でも甘い汁を吸いたくなる依存症にかかっている。第二次世界大戦でも、政治への影響力も大きく、同様の構図が再現されたし、イラク戦争は大量破壊兵器もないのに起き、一国が滅びている。アメリカだけではなく、ヨーロッパの大国でも、中国やロシアでも、軍需産業は大きな勢力で、政府にもつながり、時に圧力をかける。軍需産業が振るわなくなれば、失業率を盾に何らかの仕事、兵器や武器弾薬の生産と、その消費、即ち紛争や戦争を迫ることもある。

ストックホルム国際平和研究所によると、2016年の全世界の軍事費は1兆7390億ドル（**約200兆円**）にもなり、1人当たり235ドルになる。人道援助に必要とされる額の80倍にもなり、日本の国家予算の倍にもなる。アメリカの軍事費は突出して、世界の10%を超え6100億ドルと、1人当たり2258ドル、GDP比で3・15%になる。兵器サプライヤーの売上ランキングでは、やはり多くのアメリカの企業がランクインしている。トップ10のうち7社は米国企業で、戦争をしたい人たちのランキングにも見える。

日本の防衛予算は5兆円ほどで、1人当たり約4万円ほどになる。GDP比1%の枠を超えていないが、2018年度はミサイル対応などで、最新兵器を緊急輸入しているので、その枠を超えるかもしれない。それにしても、全世界で日本の国家予算の倍の200兆円もの必要ないものを生産し、使われなければ、平穏無事という、おかしな世の中になっている。

国連などが、戦争がなくなる努力をしている一方で、こうして戦争で稼いでいる国もある。

第二次世界大戦後の紛争と戦火を巻末にリストにして付しておく。これを見ても、戦火のない年は一年たりともない。それでも、戦争をなくす努力と希望をなくしてはいけない。

第4章　消える仕事

1 雇　用

☑機械との競争「Race Against the Machine」

「仕事がなくなる」と数多くの研究者が指摘している。ここに二つの有名な著作を紹介しておきたい。一つは『機械との競争』、そしてもう一つは『雇用の未来』である。

ＭＩＴのブリニョルフソン教授は、２０１１年の著書『機械との競争』で、

「技術の進展は雇用を破壊する可能性があり、また雇用を創出する可能性もあって、２００年前は古い仕事が姿を消すのと同じ速さで、新しい仕事が生まれた。今や技術による雇用破壊は雇用創出よりも速く進み、かつて生産性の伸びと同じように伸びた雇用が、１９９０年代末から置いていかれるようになった。

自動車の運転も翻訳もコンピュータがする。ホワイトカラーの仕事は、機械になり、人間が勝るのは音楽、ソフトウェア、スポーツなどクリエイティブな仕事と、肉体労働にな

る。GDPは過去10年で増えたが、所得の中央値は低下した。増えた富の80％が上位5％に集中し、中間層の所得が減り、格差は拡大した。産業革命の蒸気機関も、第二次の電気も多くの労働者を必要とした。第三次産業革命のコンピュータとネットも長期には同様だ。

生産性が向上したのに、多くの人が職を失い、雇用が減少したのはなぜか。デジタル技術の加速のためで、それは生産性の向上をもたらしたが、ついていけない人々を切り捨て、国全体の富は増えたが、格差は開いた。たいていの経済学者は『生産性が上がれば、多くの問題を解決する』と考え、生産性の向上をすべきとした。それは間違いではなかったが、前世紀までで、今や生産性の向上が全員の利益を保証するものではなく、新たな考え方が必要になっている。

デジタル技術には三つの面があり、一つは指数関数的に発展する。人類の歴史に登場したどんな技術よりも速い。過去10～15年の間に、デジタル技術の能力拡大を目にしてきているが、それに追いつけない人も多い。

次に、デジタル技術は以前の技術よりも多くの人や分野に影響を与える。米国では全労働者の3分の2が情報処理に関わる業務となり、事務職、教師、ジャーナリストやライターなど、幅広い仕事が含まれる。

最後に、デジタル技術はコピーや配布が即座にでき、何百万人が同じものを同時に手にする。工場など投資が必要な製造業とは異なり、過去と異なる影響を雇用にもたらしている。マスコミは変わり、ジャーナリズムも30年前と比べ、働く人は減り、収入も減った。音楽産業も製造業、金融も、小売りも、広い分野で大きな影響を受けている。

米国で製造業は縮小し、雇用も減ったのは、生産拠点の海外移転や中国の台頭のためといわれた。しかし、中国でも製造業で働く人は、1997年に比べ2000万人以上少なくなっていた。雇用が米国から中国に移ったのではなく、米国と中国からロボットに雇用が移ったというのが正しい。

『デジタル革命』や『機械との競争』は、生産の海外移転よりも重要で、それは人類の危機と考える人もいるが、対応次第で危機にもなれば機会にもなる。何もしなければ危機になり、コンピュータが人間の領域を侵食し、仕事を失う。中間層の雇用が減り、高所得を得られる創造的な仕事と低賃金の肉体労働に二極化する。しかし、うまく取り入れられたら、すべての人にチャンスとなる」

としている。

☑雇用の未来「The Future of Employment」

２０１３年9月に、オックスフォード大学でＡＩ（人工知能）研究をしているオズボーン准教授と、フレイ研究員が、今後20年以内に、アメリカの総雇用者の47％の仕事が、コンピュータに置き換えられるという研究結果を発表。「技術進展は、雇用破壊を招き、それは雇用創出よりも速い。洗練されたソフトウェアは労働者を無用にし、労働市場を混乱に陥れている。コンピュータはルーチンワークを侵食、グーグルが開発した自動運転車は、輸送や物流分野での仕事を、自動化してしまう。

歴史を通して、技術開発に続く創造的破壊は莫大な富を生んだが、混乱ももたらした。一例として、１８１１〜１８１６年にかけて、機械打ち壊し運動、**ラッダイト**が起こっている。ロボットが人間の知性を凌駕する過程で、多くの仕事が機械の脅威にさらされている例をあげている」

Watsonは、ＩＢＭが開発した人工知能搭載のコンピュータで、色々な分野で活躍し、その一つに医療診断がある。ニューヨークの癌センターでは、Watsonが診断する医療システムを導入。60万件の報告書、１５０万件の患者記録や臨床試験、２００万ページ分の医学誌を登録、患者個人の症状や遺伝子、薬歴などを比較検討し、患者に合った最良の治療計画と、最適な手術方法を提案している。

法律の分野でも、数千件の弁論趣意書や判例の精査に活用され、米ソフトウェア大手シマンテックのサービスでは、2日間で57万件以上の文書を分析して分類する。契約書や弁理士の下調べは、コンピュータが行う。MOOCs（Massive Open Online Courses　オンライン講座）が急成長し、多くの受講者を得て、学習、教育方法も変わり、AIやロボットが教師を支援、怪我や障害で学校に行けない受講者にも、オンラインでの教育を可能としている。

オズボーンによると「ITや自動化、ロボットなどの活用で、現在と同等以上の経済レベルを確保し、人間の労働の削減となる。それは避けられないし、ロボットの活躍は人類にとって歓迎すべきだ」、「ロボットやコンピュータは芸術などクリエイティブな仕事には向いておらず、機械ができることは機械に任せ、人間はクリエイティブな作業に集中できる」。これからの社会のありかたや、生活の変化を受け入れる上で非常に重要な指摘である。

研究結果の結論は著作のタイトル通り、「20年後には人間の仕事は47%消滅する」。それは「失業者が大幅に増える可能性」であることも同時に意味している。

そして、この論文では、消える可能性が97%以上の仕事に、以下の職種をあげている。

銀行の融資担当／運動競技審判／不動産ブローカー／モデル／給仕／染物職人／歯科技工士／光学機器修理／保険審査官／動物のブリーダー／電話交換手／給与・福利厚生担当

者／出荷、集荷係／切符もぎり／カジノのディーラー／ネイリスト／カード中請の承認／信用調査事務員／集金人・レジ係／弁護士助手／ホテルの受付係／電話販売員／裁縫作業員／時計修理工／税務申告書代行者／図書館の補助員／データ入力作業員／彫刻師／苦情処理、調査係／会計、監査事務員／建設機器作業員／塗装工、壁紙張り職人／造園、用地管理作業／映写技師／義歯制作技術者／撮影機器修理工／メガネ、コンタクトレンズの技術者／殺虫剤の混合、散布の技術者／訪問販売員、路上新聞売り、露店商人／検査、分類、見本採集、測定を行う作業員／測量技術者、地図作成技術者／金融機関のクレジットアナリスト

一方、コンピュータに代替されにくい仕事としては以下のものをあげている。

栄養士／施設管理者／振り付け師／心理学者／警察と探偵／歯科医師／小学校教員／聴覚医療従事者／作業療法士／義肢装具士／口腔外科医／消防監督者／ヘルスケアソーシャルワーカー／レクリエーションセラピスト／最前線のメカニック、修理工／緊急事態管理監督者／内科医と外科医／メンタルヘルスと薬物利用者サポート／セールスエンジニア（技術営業）／指導（教育）コーディネーター

☑雇用はどうなるか

両著作とも発表されてから、5年以上経過しているが、未だに色褪せていない。これは、進歩が緩やかになったからではなく、早くなったからで、労働集約型産業では、生産性向上の施策は色々とされ、工場では自動化やロボットの導入で生産性は弛みなく改善されている。だが、ロボットやコンピュータの能力が人間の能力を超えるシンギュラリティは突然やってこないので、変化も突然起こるわけではない。そのため、変化への対応が後手後手に回って、雇用の喪失はゆっくり襲ってくる。

ブリニョルフソンは、「人間が勝るのは音楽、ソフトウェアなどクリエイティブな仕事と、肉体労働とに集約される」としているが、建設現場などでの肉体労働は、既に多くが重機や自動機械に置き換えられている。人間の仕事が少なくなっても、AIやロボットによる富の創造が、同程度か上回るようになれば、歓迎すべきことだが、AIやロボットには給与を払わないので、仕事を奪われた人は、収入が減るか、全くなくなる。AIやロボット、流通のネットなどに投資した資本家に、また富が集中する。

医療でも手術自体をロボットが行う可能性がある。既に、アメリカで開発された支援ロボット「ダビンチ（da Vinci）」は、前立腺癌の手術で2008年末に80％以上、2012年末には98％に用いられている。全世界で160万件以上の手術に利用され、安全性が問題とはなっていない。

「バクスター」という汎用ロボットは、人間がロボットの腕などを動かすと、そのパターンを記憶して作業する。２万ドル（約２２０万円）ほどで、今後もっと下がる。サービス業で利用されるようになり、ウェイター、ウェイトレスなども置き換える。回転寿司や、料理がテーブル迄レールで運ばれてくるレストランも現れていて、ロボットが仕事を奪うのはサービス業では意外と早いだろう。

オズボーンの結論は、「20年後に人間の仕事は47％消滅する」としているが、今のペースではもっと早く、しかももっと多くが消滅するだろう。また「クリエイティブなスキルを身につけなければ、失業者になる可能性が大きい」としているが、こうしたスキルは簡単に身につけられるものではないし、そうした仕事はそれほど多くを必要としない。

ＡＩやロボットが進出すれば、現在の資本主義のシステムを変えるか、大幅な修正を加えないと、失業者の大量排出となる。それが大量の収入のない人に結びつくところに、大きな『問題』がある。

❷ 自動化

☑ 自動化で変わる世界

コンピュータの導入以来、事務処理の生産性は飛躍的に向上した。会計などの処理に必要な計算は、その段取りが組み込まれているソフトが瞬時にしてくれる。入金や出金、原価などのデータの入力があれば、即座に会計処理が出来上がる。生産工程や農作業でも、ロボット或いは自動機械など設備の償却コストを人手と比較して、安い方が採用される。人手には給与となって払われる分が、設備なら償却費が原価に加えられ、それは投資家に払われる。

設備に改良などで性能の向上があれば、コストは下がる。人手も熟練で生産性が上がるが、すぐに頭打ちになる。定型化された作業でも、人は無駄を見つけて省いたり、もっと良い装置を造って、生産性を上げたりする。日本の生産現場では改善が日常的にあり、品質を上げ、コストを下げる活動が活発だった。ロボットやコンピュータは定型作業以外はしないので、生産性や品質の向上は期待できないといわれたが、それも考えろとＡＩに指示しておくと、可能になるのかもしれない。

☑自動運転

１９９５年に開業した『ゆりかもめ』という、新橋からお台場に行く公共交通機関がある。運転や操縦を人手に頼らず、切符の販売や回収も自動販売機と自動改札で、普段利用客以外の人影はない。自動運転交通システムＡＧＴ（Automated Guideway Transit）で、同様のシステムは、神戸の『ポートライナー』が、日本初で１９８１年から稼働している。

従来の鉄道は専用の軌条を敷設するコストがかかり、路面電車やバスは輸送力が制限され、両方の利点を求める要求から開発された。自動運転が前提で、軽量でランニングコストが低く、ターミナルビルが複数ある空港などで広く利用されている。

ＡＧＴは、車両が専用通路内から外れることがなく、通行の障害になるものもない。事故につながる要素は少なく、日本で導入された路線で旅客が人身事故にあったことはなく、各路線とも無事故記録を更新している。新幹線を含む高速鉄道などでも、ＡＴＳ（自動列車停止装置）が採用され、運転手が眠っていても、列車は確実に駅で停車する。そうしたニュースを聞いた記憶のある方もおられよう。

しかし自動車の場合、専用の軌道を走るわけではない。高速道路でも、トラックあり、ダンプカー、バス、軽自動車あり、二輪車まで走行する。それが一般道路となると、車だけでなく、自転車、三輪車に人も歩いているし、犬、猫さえ飛び出してくる。鹿や熊も出てくるし、何でもござれである。これらのすべてに衝突しないで運転するとなると、注意深い人間でも難しい。

　運転には一定の技量と安全確保が求められ、法律の熟知に操作の熟達が必要で、法に触れず、最速で或いは省エネで、目的地に到着するのは、人間だけが出来ると信じられてきた。だが、人間の場合疲れて速度制限や規制を見過ごしたり、出入り口を間違えたりすることもある。居眠り運転や酔っ払い運転もあるし、ブレーキとアクセルの踏み間違えも高齢者に起こるようになっている。

　一方、カメラやセンサーの情報から、速度制限や交通信号などを認識し、自動減速し、前の車両に接触しない距離を残しての停止は、既に実用化されている。高度な自動運転技術も既に完成の域に達し、霧の中でも見通せるミリ波レーダーや、高解像度カメラに、画像処理、解析をして、走行車線や領域を認識し、障害物を避け安全に、最高速か最も省エネでの走行が可能になっている。

　技術的な問題はほとんどなくなり、格段に事故が減るし、今後も開発競争が続き完成度が上がっていく。２０１７年には自動運転のカーレース、フォーミュラEが開催され、一台がクラッシュしたものの、最高時速１８５㎞でのレースをしている。近い将来、内燃機関を使わず、運転手もいらない車が確実に現れる。こうした車をTeslaは２０１５年に発売し、２０１９年以降多くの自動車メーカーから発売される。

アメリカや欧州では、２０００年頃から自動運転の開発が進められ、２００９年にGoogleが公道で実験車両を走らせていた。２０１０年頃からは各社が、一般車に混じって公道での走行実験も行っていたが、日本では自動運転車に否定的、消極的な風潮があり、公道での実験は許可されなかった。しかし欧米で公道走行実験が広く行われ始め、２０１３年9月に日本国内でも公道走行実験が許可され、同年末には一般車に混じって高速道路での走行実験を開始。一般道での走行実験も２０１５年には始まった。

☑自動運転の法整備

法整備はお役所仕事なので、日本では時勢にあった対応が出来ないのはいつものことだが、自動車は、事故を起こせば人命にもかかわるので、その責任に関して、車の持ち主が責任を負うのか、メーカーが責任を負うのか、未だ議論が必要な部分がある。だが、そのレベルは既に法的に規定されていて、自動運転に関し日米の交通安全当局では、現在そのレベルを以下のように定義している。

レベル０　すべての主制御（加速・操舵・制動）の操作を人間が行う。
レベル１　**（運転支援）**　加速・操舵・制動のいずれかをシステムが支援的に行う。自動ブレーキなどの支援。

レベル2　（部分自動運転）　加速・操舵・制動の操作を同時に複数行う。運転状況を監視操作する必要あり。

レベル3　（条件付自動運転）　人間は運転から解放されるが、運転切替要請に応答必要。事故責任は運転手。

レベル4　（高度自動運転）　特定の状況下のみ、人間の運転が必要。

レベル5　（完全自動運転）　無人運転。全ての状況下で、運転をシステムに任せる状態。

国連でも基準作りが進められて、法整備の遅い日本でも、重い腰を上げ2020年までにレベル4の実用化を目標とし、レベル5の完全自動運転を2025年を目途に目指すとしている。だが、2025年に日本で完全自動運転ができた頃には、国外では実用化されているだろう。

☑自動運転とその応用

自動運転が注目されているのは、自家用車などの乗用車の分野にあるが、トラックなどで移動・輸送に関わる分野では、経済的な影響が大きく、実用化された際の経済的な効果は大きい。

大量輸送には鉄道や船舶、トラックが利用されていて、各々発送元から受領先までの輸送に過ぎず、その先何回もの積み替えと、保管や加工が繰り返される。工場や農家で生産されたモノも、直接消費者に届けることは少なく、多くの場合保管のための倉庫、貯蔵庫などがその過程に組み込まれている。

原材料から最終消費者に供給されるまで、加工、保管、販売、輸送などを含めて一連の流れを、ロジスティクス（物流）といい、商品のコストの中で大きな割合を占めている。物流を最適化し、コストを下げる方法が色々と検討され、今では自動搬送機、自動仕分け機などで倉庫業務や保管場所の合理化も進み、生産者から消費者への短時間、低コストでの流通が可能になっている。今後、ＡＩや倉庫での積み替えや自動運転技術の応用、ロボットの導入で、生産性向上に一層の拍車がかかる。

☑誰も働かなくてよくなる

こうした自動化が進んでゆくと、生産活動において人間が関与せず、或いは非常に少ない関与で成り立つようになる。事務に関してはコンピュータに任せ、物理的な動きの仕事はロボットに任せれば、ほとんどの仕事が置き換えられてしまう。そうすると、人間が生活で必要としている必需品、日用品の生産や事務処理なども、自動的に出来上がってしまうシステムの構築が考えられる。

荒唐無稽な話ではない。現在までに人間が獲得した科学知識と応用技術を利用すれば、そうなる可能性は非常に大きい。むしろ、我々はそうした方向に向かって走っていたのではないか？　色々な分野で自動生産、配送、輸送などと組み合わされ、人手を使わずに済むようになる。日用品は自動化された大量生産で、世界中で必要な量が必要な時に提供されるようになり、パソコンでもスマホでも、自動運転の車でも、どこでも誰でも生産できるようになる。

価格競争が激しくなり過剰供給になる。これは仕事が楽になるだけでなく、仕事がなくなることになる。トマ・ピケティがいう。「投資への対価は労働への対価よりも多くなり」、給与は増えないどころではなく、なくなってしまい、仕事の対価はＡＩやロボットを導入した償却費となり、投資家に支払われる。今の資本主義制度を修正しないと、**大量の失業者を生み出すことになり、収入のない人が増える。**そうすると、生産したモノを買える人がなくなる、**ジレンマ**に陥る。

3 仕事の未来

☑ 産業革命を超えて

産業革命は18～19世紀にかけて、イギリスに端を発した大きな産業の変革と、それに伴う社会構造の変化で、重要なのは製鉄業の成長、綿織物の生産過程での織機による生産性の向上、そしてワットが発明した蒸気機関による動力源の改革で、工場での大量生産体制が確立した。また蒸気機関車や蒸気船の利用で、大量輸送手段が得られたなど、大きな産業構造の変革であった。

農民は減り商工業従事者が増え、炭鉱の採掘など鉱業労働者も激増、街には労働者が集まり、都市化が進んだ。手工業から機械を使った大規模生産となって、最盛期の１８２０年代にはイギリス一国で、世界の工業生産の半分を占め、以後１８７０年代に至るまで、イギリスは世界最大の工業国で、『世界の工場』と呼ばれた。こうした中で機械に投資をした資本家層が力をつけ台頭した一方、労働者の生活水準は低く、鉱山や工場労働者層の不満も高まっていた。

機械の利用が普及し、失業のおそれを感じた労働者は、抗議を繰り返し対立は一層深刻化し、資本家は憎悪の対象になったが、破壊運動は鎮圧されなかった。１８１１〜１８１２年に、工場と機械を襲撃、破壊する、有名な**ラッダイト**が起こる。生産性の向上と、逆抗する破壊運動を経て、人手が機械に置き換えられたが、失業した人々は暫くすると人間しか出来ない仕事が増え、雇用も回復した。

こうした失業と雇用の関係は生産性が向上するたびに、紛争や討議が繰り返されたが、新たな産業が興り、雇用が回復することが繰り返された。これは産業の大きな変化の中でも、最初に起こった革命だったので、**第一次産業革命**といわれる。その後、電気を利用して生産性が上がった時代も、失業が心配されたが、新たな商品が現れ、開発、生産などに多くの人手が必要になった。

例えば、ラジオやレコードが現れ、電話が普及し、テレビも現れた。そうした商品を通じて人々の生活も豊かになり、旺盛な需要が創り出された。生産現場ではチャップリンに揶揄されたベルトコンベアの流れ作業で、同じ動作を繰り返す、効率の良い大量生産をするようになった。それでもなお、人手不足になって、ほぼ完全雇用が実現した。それを**第二次産業革命**と言うことがある。

同じ作業を繰り返す生産が、徐々に自動機械に置き換えられ、生産現場だけでなく、例えば銀行で現金を出すのも、預金をするのも、人がいる窓口はなくなり、ほとんど機械に置き換えられた。現金を機械に扱わせて間違いが起こると心配した人もいたが、間違いが起こるのは、むしろ人手に頼った部分の方が多く、横領などの恣意的な間違いは機械には出来ない。

また、電車を利用するには、駅の窓口で駅員から切符を買い、改札口の駅員に切符を切ってもらい、電車に乗り、降りる駅で駅員が切符を回収するなど、運行に直接かかわらない仕事にも多くの人手を要していた。通勤通学の時間帯に、駅員が目にもとまらぬ早業で、切符を切る作業に目を丸くして驚いた記憶もある。今、全国どこに行ってもそんな手続きをして、電車に乗ったりすることはない。

銀行でも、鉄道でも、大幅な人減らしになったが、失業を心配する声はなく、またもや人手不足となった。こうした、コンピュータによる生産性の向上を、**第三次産業革命**としている。既に起こりつつある、ＡＩやロボットでの生産性向上は、**第四次産業革命**と名付けられている。第三次革命が終わってはいないが、この革命で、また大幅な人減らしが危惧されている。

失業者が溢れるのか、それともまた人手不足になるのだろうか。今度は放っておけば、失業者が溢れるという。本書で紹介した文献でもそうなると論証している。多くの仕事が、ＡＩやロボットに置き換えられる可能性は高いし、今まで考えもしなかった、スマホのように誰もが欲しがる商品が、これからは出てこないと思われる。仮にそうした商品が出てきても、その生産に多くの人手は必要としない。

☑なくなる仕事

大量の失業者が出て、収入のない人を輩出しないために、或いは仕事がなくても生活が出来るようにするには、どうしたら良いかを考えなければならなくなった。今までと異なるのは、生産したモノを国民に配分すると、1人当たりの分け前が少なく、食べるものが足りなかったり、住む所がなかったりしたのが、これからは、ほぼ自動的に必要なモノが必要なだけ造られることになる。

かつて、人口の四割が農業に従事していて、人口が倍増した1960年には15％ほどになったが、食料自給が出来ていた。農業従事者はその後も減り続け、2015年には210万人と減り、これは人口の1・6％ほどでしかなくなっている。その間、輸入食料も増え自給率が減り続けているが、自給しようとすれば農業従事者が**285万人**必要で、人口比で**2・25％**ほどが農業に従事すれば、価格ベースでの食料自給が出来る計算になる（第2章**5**〈50頁〉参照）。

また、日本に必要とされる住宅供給とその保守、改築などに必要な労働力は、5兆円の市場規模で、**10万人**ほどの従業員数が必要で、**0・08％**ほどの人が従事してくれれば、供給が出来ることになる（第2章**5**〈51頁〉参照）。衣料では20億点を供給するには、**2万人**ほどの人が従事してくれれば良い。もちろんそれなりの設備は必要だが、従事者はそれほど多くが必要ではない。自動化を進めた設備であれば半分程度でも可能だが、2万人でも人口比**0・016％**ほどでしかない（第2章**5**〈54頁〉参照）。

衣食住すべてに**2・4％**ほどの人が働いてくれれば良い。しかし社会生活には、衣食住だけでなく、公共サービスや社会インフラなどが必要なことはいうまでもない。

☑ 社会に必要な人材

警察、消防、医療、交通や教育などの公共サービスや生活基盤は、現在の生活レベルを維持するには不可欠である。また普段目に見えなくとも、防衛に携わる自衛隊や、海難救助や航空管制などを主とした保安活動など、国土の維持に必要な人々がいる。こうした人たちのほとんどは、いわゆる国家や地方行政に従事している公務員で、２０１７年の人事院資料では、国家公務員と地方公務員を合わせて約３３３万人の人たちがいて、人口の約**2・6%**にあたる。

病院、診療所、薬局、助産、歯科、介護、救急救命などの医療やその関連施設と、障害者や高齢者の介護、孤児の保護、養護などの施設や、機能回復訓練や維持を助けるリハビリなども社会に必要な機能である。厚生省によると、医療関係の従事者は、医師、看護師などが１７０万人ほど、リハビリ関連に50万人、歯科で20万人、薬剤に30万人ほどの人が従事している。合計２７０万人ほどで、医療事務などを含めると３００万人ほどと思われる。日本の人口の**2・4%**に相当する。

運輸、交通に関して見ると、運輸業には約３２０万人ほどが携わり、人口の約**2・5%**に相当する。半数以上の約１８０万人が道路貨物輸送に、道路旅客には約60万人が従事しており、道路を使った運輸業が75%を占めている。鉄道運輸には25万人ほどが従事していて、倉庫業や運輸サービスなどに40万人が、また海運を含めた水上運輸と航空運輸に15万人程度が従事している。

これらの公共サービスに携わる人をすべて合算しても、人口比で**7・5%**ほどでしかない。

☑今でも10%で十分

もちろん以上の業態に含めなかったジャーナリズム、出版業や情報処理、通信技術などの業務、理容師、美容師、クリーニングなどの生活衛生関連業務、ホテルや飲食店などの接客業などはあえて必需産業には加えていない。また橋梁、河川港湾工事などの土木業や公共の建築物例えば体育館、学校の建設などが必要ないわけではないが、現状で必要な数は充足されており、質的な問題があるにしても、それらのメンテナンスや保守がなされれば、現状の生活レベルは確保されることになる。娯楽に関しては、映画、テレビ、ラジオ、芸能、音楽関連など、現在では人間の生活に必須になっているが、加えていない。プロスポーツを含めたスポーツ関連の興行やイベントなどと、ゴルフ、テニスなど一般に普及しているスポーツ施設なども含めていない。小売業や流通、喫茶店、居酒屋などのサービス業も今の社会には不可欠だが、生活レベルの確保に必須とはしていない。

衣類のファッションも、素晴らしい文化を生み出していて、生活に潤いを与える重要な産業であるが、靴、カバン、ハンドバッグなど、ファッション関連などと、その生産、販売活動も含めていない。

これまで見てきたように、人間の生活に必要な衣食住の生産、供給に関しては、生産性の高い品種に改良されたり、効率が上がったりして、国民全員に行き渡り、確保されるようになっている。確保されるだけでなく、住居並びに衣類の生産に関しても、非常に効率的になり、これらの生産、供給には日本では全人口の２・４％ほどの人が従事してくれるだけで良くなっている。

更に、社会インフラの面でも、衣食住に必要な全人口の２・４％に加えて、７・５％の人が働いてくれれば、医療、警察、保安、防衛、安全などの面でも確保できることが分かってきた。合計人口比10％の人が働いてくれれば、食っていけるという状態にはなっている。ただ、それではスマホもテレビもないし、野球やサッカーも、映画観賞や観劇もできないし、温泉に行ったり旅行に行ったりもできない。ゆとりもないし、監獄で或いは猿山で飼いならされている状態でしかない。

だが、衣食住と社会インフラに携わる10％の人達に加えて、更にざっともう10％ほどの人が働いてくれれば、娯楽なども含めた現在の生活レベルに近づくだろう。即ち、人口の20％が仕事をしてくれれば良い。それでもファッションを切り捨てていたり、スポーツカーや高級車を含めていないのに、生活レベルが確保できるのかとの議論もあろう。そこは、生活基盤としての必須アイテムを確保して、潤いと余裕のある生活をするのと、文化的側面には何が必要なのかを考えなければならない。

ＡＩやロボットが文化的な生活を支えられるかといった疑問のこたえはないし、また、経済発展はまだ必要なのか、それにはＡＩとロボットに任せればよいのか、などの議論が必要になる。

第5章　日本の技術力

1 日本の実力

日本は技術立国を国是に、先端技術分野で世界をリードしていると言われる。一方、日本はかつての夢を追い求めているだけで、技術の衰退著しいとの報道や、それを嘆く記事も多い。ロボット、人工知能、遺伝子組み換え、電力貯蔵、交通輸送自動化、新材料、資源再利用、モバイルインターネット、モノのインターネット、クラウドコンピューティング、３Ｄプリンター、非在来型石油を中国の雑誌『新財富』が２０１７年４月、将来の12大新技術として、日本はどれだけ進んでいるかの分析をした。

それによると、日本はこのすべての面で力を入れていて、ほとんどの分野で世界トップ３に入り、特にビッグデータ分析クラウド、新材料、資源の再利用、エネルギー貯蔵技術、ロボットの分野では日本が世界一で、今の日本は力を蓄えていて、それを発揮する時期が来たら世界を１００年リードすることになるだろうと論じている。「ほめ殺し」と思う人も多いだろうが、筆者もその一人である。

今の高齢者には生まれた時にスマホどころか、携帯電話さえなく、電話すらほとんどの家庭になく、テレビは夢物語で、コンピュータを知る人もおらず、インターネットは考えも及ばなかった。音楽は生演奏以外、ラジオかレコードを聴くしかなく、演奏時間３分ほどのレコードは、その後音質も向上し、長時間再生のＬＰも出来たが、そのプレーヤーも高価で、誰もが買えるものではなかった。

ブラウン管を用いたテレビも、カセットを出し入れするＶＴＲも、もはや売られてもいないし、利用されなくなって久しい。アナログ技術はデジタルに置き換えられ、電話やラジオ、テレビのみならず、写真やビデオもデジタル化され、お金までデジタルになっている。

２ スマートフォン

スマートフォンは今や多くの人が肌身離さず手放せなくなっている。日本的な省略でスマホといわれるそれは、本来携帯電話ではあるが、電話以外の機能が増えに増え、今や電話の機能より、その他の機能が多く使われるようになっている。話をもう少し昔に戻すと、携帯電話が登場したのは、１９７０年の大阪万博だと言われている。そして、１９９４年にＩＢＭがSimon Personal Communicatorというスマホの原型を発売している。

それは４・５インチの白黒ＬＣＤディスプレイに、時計、カレンダー、メモ帳、ＴｏＤｏリスト、静止画閲覧、ＦＡＸやメールの送受信に、タッチペンが使え、多くの機能を持ったマルチメディア端末であった。可搬型だが、大きくて５００ｇ以上の重さで、カメラや音楽プレーヤーもなく、現在のスマホの概念とは多少異なっていた。ＰＤＡつき携帯電話に近い存在と言え、日本の三菱電機で生産された。

スマホの確たる定義はないにしても、ソフトウェアの組み込みによって、電話や電話回線を利用した電話やメール以外の機能も、ユーザーの意図によって選択、追加してカスタマイズ出来る携帯端末と定義するなら、やはりiPhoneの発売された２００７年が、スマホ元年となる。ウォークマンが音楽を屋外に出し、カメラはフィルムが不要になって、いずれも非常に小さくなった。ネット接続や衛星から位置情報を得ることも日常的になって、今やスマホにはそれらすべてが集約されている。

ソフトウェアの多彩な機能（Application＝アップといわれる）を、ユーザーの意向で組み込めるだけでなく、高性能カメラや衛星のナビゲーションシステム、ＧＰＳ受信装置などに加えて、大容量の記憶装置も持った、ハード面でも充実しているコンピュータがその中核で、あの小さな筐体に最新技術の成果を、詰め込みに詰め込んで、発売から10年で必須商品に育っている。

まず、スマホのことに触れたのは、革新的な技術を利用した商品が、開発されてから普及するまでの時間が、非常に短くなっていることと、半導体などの基盤技術を含んでいて、利用している技術分野が広いことがある。そのスマホは日本でも細々と生産されているが、世界の主力商品に日本製は見当たらない。携帯電話の黎明期には多くの会社が参入したが、ガラケーといわれる日本独自の方式であったため、海外進出は遅れを取ってしまっている。

スマホ生産は合従連衡が進み、淘汰された会社も少なくない。フィンランドのノキアは携帯電話の普及期にトップシェアを誇っていたが、スマホに出遅れマイクロソフトの軍門に下っている。ソニーはスウェーデンのエリクソンとの合弁を解消、単独で開発、生産しているが、シェアも小さく経営は思わしくないようだ。今や、アップルとサムスンの二強の間には、中国勢の姿しか見えない。

3 ディスプレイ

日本でテレビ放送が始まったのは1953年2月で、その主役はブラウン管で、代名詞ともなった。やがてカラー放送になり、カラーテレビはエアコン（当時はクーラーといった）と車（カー）の3Cが、新三種の神器として当時のステータスを表した。当時、ディスプレイは事実上ブラウン管しかなかった。

ブラウン管は真空管技術の延長で、カソードから放出された電子線が、アノードに到達すると、電流が流れる。アノードに電子線が当たると発光する蛍光体を塗っておくと、電子線の強さに応じて発光の強弱となる。ガラスがアノード電極になるよう導電体と蛍光体を塗っておけば、裏側から光の強弱を見ることが出来る。光る部分を小さく絞って、上下左右に振ると画面を構成することが出来る。

しかしブラウン管は原理的に、画面の裏に大掛かりな電極やコイルなどが必要で、画面サイズ以上の奥行きを必要とし、大きく重い装置となる。こうした欠点があったが、ブラウン管に匹敵する画質のディスプレイは長い間出来なかった。各テレビメーカーはブラウン管に代わる表示装置の研究をしていたが、初のブラウン管を使わないテレビは、１９８２年12月にセイコーエプソンが発売した、白黒の１・２型テレビ付き腕時計であった。

１９８４年にはＴＦＴ液晶の２・１型カラーテレビが発売されたが、未だ画面サイズは小さく画質もブラウン管に遠く及ばず、大型ディスプレイが実用レベルになったのは、やっと１９９０年代末で、それまでの間、ブラウン管はテレビの主役として用いられた。それも２００６年までで、ブラウン管工場は次々と閉鎖され、いまは一つも残っていない。

シャープは液晶の開発改善に取り組んで、１９８７年に３型の液晶テレビを発売、１９９１

年には８・６型の壁掛けテレビを、１９９６年には10・４型と大型化を進め、１９９８年には15型を発売している。１９９７年にパイオニアが50型のテレビを発売し、液晶とプラズマは優劣を競いつつ、研究開発が進められた。それも２０１４年までで、消費電力に有利な液晶が勝利、すべてのメーカーがプラズマ方式から撤退している。

ブラウン管テレビでは世界を席巻した日本メーカーは、薄型テレビでも当初業界をリードしていたが、韓国メーカーが力をつけ、台湾メーカーも続き、三つどもえ戦になった。液晶に多くの投資をし、技術開発に専心したシャープは、発売当初に事業としても成功したが、やがて競争に敗れ、今では台湾メーカー、鴻海《ホンハイ》の軍門に下り、日本メーカーの完敗となった。

☑新技術の行方

薄型ディスプレイで完敗となったシャープ以外の日本のメーカーは束ねられ、産業革新機構主導で、２０１４年にＪＤＩ（ジャパンディスプレイ）が発足。政府系ファンドが経営に関与する、「日の丸ディスプレイ」となった。だが、ＪＤＩはアップルへの依存度が高く、次にファーウェイ向けが多く、２０１７年３月期に２社で売り上げの７割を占め、iPhoneの売れ行きに左右される経営リスクを抱えている。

しかも、ＪＤＩは産業革新機構からの支援総額が４０００億円を超え、更に多くの前受け金もあり、資金繰りを圧迫している。高級スマホへの有機ＥＬの導入が進む一方、液晶出荷減少の影響を受けている。ＪＤＩはアップルや中国勢と交渉を重ねたが、巨額資金調達の交渉は難航、さらに、高価な有機ＥＬを搭載したスマホが、液晶モデルを駆逐するかの影響が大きく、むしろ過去の液晶工場投資と売り上げ減が、財務を圧迫し続ければ、運転資金が心配になる。

ＪＤＩは２０１４年の上場以来一度も黒字化していない。２０１７年3月期は、次世代液晶パネル「フルアクティブフレックス」の開発に成功、iPhoneで採用されれば黒字となる予定が、アップルはサムスンの有機ＥＬパネルに決め、想定外の赤字となっている。

液晶よりもコントラストの優れている有機ＥＬは、テレビ用に実用化しているのは韓国企業のみで、ソニーやパナソニックも有機ＥＬを使ったテレビを販売しているが、ディスプレイは韓国から調達している。有機ＥＬテレビを最初に発売したのはソニーであったが、画面サイズが10型でしかなく、初の実用化という名を得ただけで、大画面に展開できない技術はビジネスでの勝機を逸していた。

小型の有機ＥＬも韓国製がほとんどで、大きく差をつけられ、中国メーカーも有機ＥＬパネルの量産に成功、市場参入を狙っている。ＪＤＩの有機ＥＬ量産計画では、専業のＪＯＬＥＤを子会社化し、印刷方式での量産を目指したが、業績不振で資金が無く、計画は難航している。更にその次を狙った、次々世代のディスプレイ、量子ドットディスプレイとマイクロＬＥ

Ｄディスプレイ方式の二つが注目され、投資も始まり、実用化も迫っている。ここでも日本勢は外国勢の後塵を拝している。

４ 半導体

半導体はコンピュータなど、ほとんどすべての電子機器、或いは情報技術において商品化に重要な役割を果たしてきた。これなくしてＩＴを含めた電子機器の分野で得られた、今日の成果はなかったし、今後もＩＴやコンピュータ、ＡＩ人工知能を搭載した機器、さらにスマホやロボットなどへ利用され、重要な役割を果たしていく。

半導体とは、電気を通す導体と、通さない絶縁体の中間の性質を持つ物質で、電気を通す割合が半端なので、半導体と名付けられた。だが、わざわざ半導体の名前を授かったのはわけがある。導体と絶縁体の間の性質だけでなく、導体と接触させると、一方向に電気を通す性質が見つかり、これを応用して交流を直流に変える整流器が出来たことから、大きな展開をしていくことになる。

１８７４年にセレン整流器が発明され、交流から直流をつくるのに用いられ、また方鉛鉱がラジオを聞くために、検波に用いられた。そうした性能を解析し、真空管に代わる機能素子を研究していたベル研究所で、１９４８年に**トランジスタ**が発明され、それが半導体発展の大きな礎となった。

☑トランジスタ

トランジスタの発明者であるベル研究所のショックレー、バーディーン、ブラッテンに１９５６年ノーベル物理学賞が授与され、トランジスタを使ったラジオは、１９５４年にＴＩ(テキサスインスツルメンツ)が製造したトランジスタを使い、リージェンシー社が商品化に成功し、発売された。

世界初の商品化は逃したが、翌１９５５年にソニーがラジオ用トランジスタを開発し、ラジオの商品化をしている。１９６４年にはＴＩが補聴器を商品化したが、その頃のトランジスタは真空管の置き換えで、アナログ回路用であった。それが、１９６０年代中ごろからデジタル回路への応用が進み、半導体コンピュータが１９６４年にＩＢＭで開発されている。

☑集積回路の誕生

トランジスタの改良研究で、ＴＩのキルビーやフェアチャイルドのノイスにより、１９５９年に半導体基板上にトランジスタや部品を作りつけ結線すれば、機能回路が出来る工夫がされた。

いわゆる**集積回路（ＩＣ）**である。

トランジスタの発明から11年、半導体が更に大きな発展を遂げるキッカケとなった。

結線の方法はキルビーが細い金線で行ったのに対し、ノイスは一気に配線が出来る金属蒸着を利用した。両者が特許を申請し、どちらが特許を持つかで、10年もの法廷闘争後、和解が成立、両者が折半して特許権を持つことになった。40年を経てキルビーにはＩＣの発明で、２０００年にノーベル賞が与えられた。半分の権利を持つノイスは、１９９０年に他界していて受賞されなかったが、生存していれば、おそらく両者で分かち合ったことであろう。

☑ムーアの法則

集積回路は、発明された当初は高々10個程度の素子が作りこまれたに過ぎなかったが、生産方法が確立されると、作りこむ素子の数は段々と増えていった。

表４はその後のＩＣの集積度の推移を表している。１９９５年以降も集積度は向上し、インテル創業者の一人、ゴードン・ムーアは半導体に集積される素子の数は、１年半ほどで倍になる傾向を見つけ、後にムーアの法則と名付けられた。その法則は現在に至るまでほぼ一貫して

表４　集積度の推移

MPU名	開発年	集積素子数
4004	1971	2,300
8080	1974	6,000
8086/88	1978	29,000
80286	1982	130,000
80386	1985	275,000
80486	1989	1,100,000
Pentium P5	1993	3,100,000
Pentium Pro	1995	5,500,000

実現されていて、今では、集積数も桁違いに増え、一つのチップで数十億素子を超えるに至っている。

☑デジタル化の波

１９６０年代にはコンピュータへの応用が進み、半導体を使ったＩＢＭのSystem/360が１９６４年に発表、翌年ＮＥＣは全ＩＣのコンピュータを発表している。このころから日本の半導体産業が大きく発展する。

コンピュータは、フォン・ノイマンがその概念を１９３０年代に発表していて、１９４６年にはペンシルベニア大学で、世界初のコンピュータが開発された。それには１万７４６８本の真空管と、７２００本のダイオード、１５００個のリレーが使われ、ＥＮＩＡＣと名付けられた。幅30ｍ、高さは２・４ｍ、奥行き０・９ｍで、重量が27トンもあり１７０平米の部屋を占拠、消費電力は１５０kWになり、電源を入れると周りの照明が、いったん暗くなるほどであったという。

現代のコンピュータと同等の機能を、ＩＣの無かった当時の技術で作ると、ＥＮＩＡＣの

１万倍以上の規模が必要になる。２億本ほどの真空管と３００m×１km×２・４mという途方もない大きさになり、スタジアム三つほど必要で、重量が30万トンを超える。消費電力は１５０万kWにもなり、大型の発電所でも、一つでは足りないかもしれない。

☑日本メーカーの貢献

トランジスタは当初、周波数の低い領域でしか実用にならず、高周波に使えるトランジスタが出来たのは１９５０年代の中ごろで、ラジオがトランジスタだけでつくれるようになった。また、それをＩＣ化したのは日本メーカーだった。しかし、微細な調整が必要なアナログ回路では、多くの素子を集積すると、調整箇所が多くなり、安定した性能を得るのが困難になる。デジタル回路は動作がオンかオフのスイッチングなので、多くの素子を集積しても誤差が拡大することがなく、調整も必要ない。

そのため、デジタル技術は半導体技術と結びつき、電卓に使われるようになる。１９６６年にシャープが電卓の試作品を発表し、翌年にＴＩがＩＣ電卓を発売。１９７０年代には日本のメーカーが相次いで電卓を発表し、電卓戦争となった。電卓用ＩＣは製品ごとに専用の集積回路を設計、製造していたが、日本のビジコン社が、プログラマブル電卓ＩＣを開発、これがコンピュータへと大きな変革を遂げる。

プログラマブル電卓ＩＣの構成はコンピュータそのもので、汎用のハードウェアに、計算機の各機能をソフトによって実現した。このアイデアにもとづき、ビジコンの嶋正利が論理設計し、インテルのファジンが、物理設計（回路設計とマスクレイアウト）を行い、世界初のマイクロプロセッサが誕生、それは４００４と名付けられた。

１９６９年８月末のことで、４００４は２３００もの素子を１チップに集積していた。それは、マイクロプロセッサの原点となり、インテルはその後プロセッサの性能を上げる開発に力を注ぎ、コンピュータの中核部品として大きな発展をしていく。

☑アップルⅡは１円

マイクロプロセッサを利用したパソコンが世の中に現れたのは１９７０年代はじめで、当時はマイクロコンピュータと言われ、Altair、AtariやApple社などから発売された。それらにはインテルの８０８０やモステクノロジー６５０２、モトローラ６８００などが使われたが、集積された素子数は１万に満たない。

パソコンが普及する起爆剤となったのは、１９７７年に発売されたApple Ⅱで、ディスクドライブが使え、表計算ソフトVisiCalcなど、実用的なソフトが開発された。また、ソフトがフロッピーディスクで提供され、アメリカでは個人でも必要な確定申告に利用され、ユーザーに広く支持された。発売の翌１９７８年に７６００台、１９８０年には８万台近くを売り、累計５００万台を超える大ヒットとなった。

それに使われたＣＰＵは６５０２で、他にメモリーＩＣなど、すべての素子数をあわせても、10万にはならない。現在のＣＰＵで最も集積度の高いのは、ワンチップで**40億**を超える。そうしたＣＰＵと、メモリー、表示パネル、電池などと組み立てられ、数万円から10万円程のパソコンやスマホとなっている。従って、ＣＰＵは１万円から数万円に相当する額が、ユーザーに負担されていることになり、Apple IIで使われた、10万素子のトランジスタなら、今ならわずか**１円**もしないで出来ることになる。

☑日本メーカーの栄枯盛衰

１９７０年代後半に記憶素子ＤＲＡＭで日本メーカーの急成長が始まり、１９８０年代初めに米国を抜き、日本のシェアが首位になる。64kb（キロビット）時代には日立、２５６kbではＮＥＣ、１Mb（メガビット）では東芝と、交代しながら日本メーカーがトップを占めた。これら３社と、富士通や三菱など含めた日本企業のシェアは１９８６年には80％に達したが、以後、急速にシェアを落としていく。

30年前の１９８７年の世界の半導体売り上げランキングでは、１位から３位までをＮＥＣ、東芝、日立と日本企業が独占し、トップ10に5社、20位までに10社がランク入りしていた。それが20年前には首位をインテルに奪われ、2位にＮＥＣ、5位に東芝、6位に日立そして9位に富士通が入り、20位までには8社が入っていた。更に10年後の２００７年にインテルは1位を堅持、日本勢は東芝が4位に、ルネサスが7位に、ソニーが8位に入っていたものの、20位までには6社と後退した。

１９９０年代の後半に韓国が日本を抜き、韓国のシェアはいま60％を超える。その頃から日本メーカーの衰退がはじまり、合従連衡を重ねた。１９９９年に日立とＮＥＣの半導体部門を統合、エルピーダメモリが発足。２００３年には三菱電機のメモリ部門も合流、ＤＲＡＭの専業メーカーとなった。しかし、２０１２年に経営破綻、会社更生法の適用を受け、後に米マイクロンに統合された。

ルネサスは２００３年4月に日立と三菱の半導体部門を統合。２００６年に国内2位となり、世界でも6位と健闘。システムＬＳＩ分野で世界一にもなり、２０１０年にはＮＥＣも統合したが、2年後、産業革新機構による業務再生に入る。日本の半導体産業にかつての勢いはなく、今ではニッチ市場でイメージセンサーのソニーと、ＮＡＮＤフラッシュメモリの東芝だけに事実上なってしまっている。

その東芝もメモリー半導体部門を売却し、日本の半導体産業は息の根を止められてしまった。

最先端技術の導入には、大きな投資が必要で、それに相応したビジネスのできる企業に限られ、アメリカのインテル、韓国のサムスン、台湾のＴＳＭＣの3社に絞られ、先端半導体を独占する体制になりつつある。その中に対等に渡りあえる日本企業はなく、一方、中国企業は実力をつけてきている。

☑シリコンアイランズ沈没

　サンフランシスコから南にサンノゼまでには、ＩＴ関連や半導体企業などが集中している。半導体の主な素材はシリコンなので、その一帯をシリコンバレーと呼ぶ。それにならい、日本もシリコンアイランズと呼ばれ、半導体王国とも言われていたのを、知っている人も少なくなった。今、その名は台湾に譲り、韓国のシリコンペニンシュラ、米シリコンバレーが、今後も半導体の主導権を握るのは間違いなく、中国は虎視眈々とその一角を狙っている。

　昔、日本の産業のコメといわれた鉄鋼。そこから、その名を奪い取った半導体産業の衰退が止まらない。何ゆえにかつて最強といわれたニッポン半導体が、これほど凋落していったのか。10年以上遅れて、半導体産業をスタートさせた韓国や台湾にも敵わなく、かつてベストテン上位を独占していた、日本の錚々たるメーカー、ＮＥＣ、日立、東芝、三菱、富士通などが束になってかかっても、サムスン一社に敵わなくなっている。産業の構造上大きな日本の『問題』

と思われる。

その原因は色々考えられるが、何といっても第一に日米半導体協定があげられる。1991年6月にスタートした新協定では、日本は何と使用する半導体の20％以上を外国から買うという約束をさせられた。日本の半導体を殲滅したいと思っていた米国の声を反映した協定で、明らかなGATT（関税貿易一般協定）違反だとして欧州は反発したが、日本政府はまさに対米、土下座外交、弱腰外交で、こうした不平等協定に合意した上に、協定を守るよう各企業に命令した。

技術面では、コンピュータの中核である、マイクロプロセッサで先行していたアメリカが力を入れ、多くのICが開発された。8ビット時代には、モトローラ、インテル、TIなどが、しのぎを削り、各々独自のアーキテクチャで特許を、マイクロコードでも著作権を得て、開発投資の回収を確実にするよう、他社の参入を防ぐ対策をしていた。日本の各社が手を拱いていたわけではないが、メモリーに重点を置き開発、生産していたこともあって、プロセッサに関しては出遅れていた。

出遅れはしたが、オリジナルメーカーから特許や著作権の許諾を受けて、全く同じ機能の製品を作るメーカーも現れ、これをセカンドソースと呼んでいた。開発費負担がなく、オリジナル製品よりも安く、アメリカでも増えていた。日本ではセカンドソース契約から始めて、改良を加えた生産をして、やがて改良が大幅になり、オリジナルの特許範囲に抵触しないものも出始めた。

特にＮＥＣのＶシリーズはセカンドソースのものと、その改良型が混在し、こうした開発に神経質になったアメリカは、特許権、著作権の請求範囲を厳密に捉え、多くの提訴をした。ＮＥＣは一連の訴訟に結局勝つのだが、係争中、ユーザーは提訴の対象になった製品を買い控え、ＮＥＣはビジネスで大きな痛手を受けた。シェアが一時８割にもなった日本製に恐れをなし、特許でも、政治でも対日圧力を強め、弱腰の日本政府の対応とで、日本半導体が衰退することとなった。

☑開けない展望

更に、１９９０年代初めのバブル崩壊が経済を大きく減速させ、日本企業は資本力を失った。半導体は売り上げの15％以上の設備投資が必要な装置産業なのに、投資が出来なくなり、衰退に拍車をかけた。投資を止めれば、すべては終わりの半導体事業は、こうして命運を断ち切られた。この間隙を縫って韓国が力をつけ、ビジネスに邁進、米国勢は韓国メモリーを応援した。

また、半導体生産には生産装置の技術が要で、日本の半導体企業に勢いのあったころ、光学機器の最先端技術を持つ、ニコン、キヤノンが、微細加工が必要な製造装置で、世界の市場を席巻していた。その技術は半導体製造装置に生かされ、露光装置では常に最先端技術を開発、以後20年以上、市場のトップに君臨し、1990年代末には50%以上の世界シェアを得ていた。

今、最先端の液浸露光装置は光学限界を超える領域に入り、技術難易度が極度に高く、価格は1台50億円もする。オランダASMLは2000年代初頭から力をつけ、最先端の露光技術をいち早く実用化、開発費負担が経営を圧迫していた、ニコンやキヤノンからシェアを奪い、80%のシェアを得ている。「競争力の差はもはや挽回不能」と2016年にニコンをもって言わしめ、敗北宣言となった。同社は半導体生産装置からの撤退と、デジカメの需要減から、会社存続の危機にも立たされている。

光学機器の双璧で、ニコンに次ぐシェアを得ていたキヤノンは、最先端露光装置では製品化直前で開発中止、市場参入せず撤退。ニコンとキヤノンの最先端の露光装置からの撤退で、半導体生産設備でも、日本の力が急激に衰えている。半導体装置の開発には多くの投資が必要で、日本企業が製造装置の技術開発で安眠を貪っているうちに、重要な技術で後れを取ってしまっている。

5 航空宇宙技術

半導体では既に日本は世界で果たす役割が少なくなっているが、日本が世界をリードしていたとは言えない航空宇宙分野ではどうだろうか。

航空分野と宇宙開発とはビジネスの上では分けて考えた方が良い。航空機は市場に適した良いものが開発され、生産出来ればビジネスになるが、後者ではビジネスになるものではないだろう。アメリカにSpaceXという民間人を宇宙に運ぶ計画もあるが、これが実際に月まで行って戻るのにかかるコストを、旅行者として負担できるのはごく限られた一部でしかなく、日本でもホリエモンこと堀江貴文氏がロケットを飛ばしているが、意向はよく分からない。

☑国産飛行機ＹＳ－11

かつて、日本でＹＳ－11という国産航空機を開発生産した実績がある。ただし、国産というには多少無理がある。ＹＳ－11に使われたエンジンは、英ロールス・ロイス社製で、通信・計測・制御などの機器はコリンズなど米国製のものが多用されていた。主要部品は輸入したが、国内で生産されたので、国産と呼ぶのは、官僚が得意な解釈によるものかもしれない。

１９６２年に初飛行をし、東京オリンピックの１９６４年に型式証明を取得、同年聖火を運んでデビュー。翌１９６５年には国内路線に就航し、運用開始。国内民間航空に75機、防衛庁など官庁に34機、13カ国に76機が輸出され、合計１８２機が製造された。「初の名国産機」などの評価もある一方、重量過大や操縦性の問題を指摘した意見もあり、国内だけで３件の墜落事故を含む、4件の事故を起こしている。

航空機製造各社の寄せ集め所帯の上に、官僚の天下りが横行、社内に公務員気質が蔓延、責任の所在も曖昧、経営改革されず赤字を積み上げた。コスト計算もきちんとされておらず、原価を大幅に割った値引き販売をせざるを得なく、結局1機当たりの機体価格3億5000万円では、2億円の赤字となり、政府(国民)の赤字負担で幕引きされた。政・官・民の癒着の構造の一例で、政・官がビジネスに絡むと、天下り役人が利益を貪り、国民は赤字負担させられることになる一例。

2006年に国内旅客運輸から撤退。各社が設計の基礎技術を確立したことで、当初の目的を達したとの判断もあるが、市場で受け入れられず、次世代の航空機に期待を託さざるを得なくなった。

☑国産ジェット機MRJ

MRJはYS－11の夢よもう一度の掛け声で経済産業省が推進する事業。2002年の小型ジェット機開発案「環境適応型高性能小型航空機」が基本。環境面に配慮し最先端の複合材料を用いて軽量化、空気抵抗の低減での燃費の向上、運航経費の削減、最新のIT、AI技術などを取り入れ、操縦を容易したシステムを採用するなど、意欲的な計画ではある。

三菱重工を主契約企業とし、富士重工（現ＳＵＢＡＲＵ）は主翼など10％を請け負い、日本航空機開発協会（ＪＡＤＣ）が協力し、開発期間を２００３年度から5年間とし、５００億円の開発費で、半分を国が負担してスタートした。当初、30席と50席を軸に進められたが、２００８年に計画が公表され、市場拡大に合わせ30席案を70席に、50席案を90席に胴体を伸ばす設計変更をしている。

納期は２０１３年だったが、主翼を金属へ材料変更し1年遅れ、２０１４年前半とした。その後２０１５年度の半ば以降へと、更に２０１７年４〜６月と延期され、初飛行（２０１５年11月）直後に、２０１８年中頃となり、更に2年遅れの２０２０年半ばと5度にわたる延期となった。２０２０年の納期を守れても、多くのコンペチターがあり、楽観を許さない。特にエンブラエルは、燃費と静音性に優れたＭＲＪと同じエンジンを使い、１００席以上のラインアップも揃えている。

「ＭＲＪは空力性能は優れているが、１００席までしかできない。胴体の設計を見直し、太くすれば性能を多少犠牲にしても、大型化できた」との指摘もある。エンブラエルは、１０６席の機材を２０１８年に納入開始し、シリーズ最大の１３２席の機材は２０１９年に、最小の78席の機材は２０２０年に納入予定。同社は、次世代に求められる機体サイズは、大型化するとみていて、６００機を超える受注がある。

航空会社は後継機を選定する際、整備や部品管理などで、現在運航中のメーカー、同機種の発展型が第一候補になる。リージョナル機で、世界で最も売れているエンブラエルの後継機が有利で、ＭＲＪは、同じエンジンで、低燃費・低騒音で追従し、三菱重工トップは「空力設計上での差別化に、複合材やアルミ、チタンなどの素材、合金技術、その組み合わせなどで更に差別化したい」と語る。

国産とはいえＹＳ同様、Ｐ＆Ｗ社のエンジンを始め、主要部品を世界中から購入する。最近では航空機の納入遅れは常識らしいが、納入業者の方が経験豊富で、ボーイングやエアバスに納入実績を持つ会社もある。三菱の仕様では細部の詰めが甘いともいわれる。それでも、全日空と日本航空を含め、７社から確定受注が２４３機、オプションを含め４４７機を受注している。しかし、事業採算の目安といわれる１０００機規模の受注を確保できる保証はない。

☑ホンダジェット

「ホンダジェット」は、本田技研工業の傘下、ホンダエアクラフトが開発し、製造、販売するビジネスジェット機で、主翼上にエンジンを配置する特徴的な構造。ホンダの創業者、故本田宗一郎の夢を実現するためのプロジェクトで、１９８６年に和光基礎技術研究センターで、本格的な航空機の研究を開始。１９８９年に米ミシシッピ州立大の飛行研究所と提携、１９９３

年に実験機の初飛行に成功している。

１９９７年にエンジンを含め、すべて自社製のビジネスジェット機の開発計画がスタート。２００３年に実験機がピードモント・トライアド空港で初飛行。２０１２年10月に量産ラインでの組み立てが開始され、２０１４年6月に量産1号機が初飛行に成功、同年9月に顧客向けデモフライト開始、翌年量産1号機を納入している。２０１６年の納入は23機だったが、２０１７年は43機となり、セスナの「サイテーションＭ２」の39機を抜き機種別で年間首位となった。２０１８年の引き渡しは、日本国内分を含めて50機ほどで、セスナを抜いて首位を保っていると思われる。

ホンダジェットは世界の航空機メーカーでは唯一、ジェットエンジンも自社生産で、燃費性能が競合機と比べて最大2割ほど良い。ＧＥとの合弁、ＧＥホンダエアロ・エンジンズ社が、２０１３年に米国連邦航空局が定める型式認定を取得、２０１５年3月には、ＦＡＡがジェットエンジンに対し23年ぶりとなる製造証明を授与。12月には米連邦航空局から型式証明を受けている。

評価されている一つに７８２㎞/hの公式認定されたクラス最高の速度にあり、大型機よりも上空を飛び、速度、燃費、安定性を維持している。エンジンを主翼の上に置く独特の設計で、胴体に取り付ける競合機と比べ、室内空間が広く、騒音も低い。改良型「ホンダジェット・エリート」は操縦性の向上と航続距離を17％伸ばして、日本市場への展開も含めビジネスの拡大を計画している。

本田宗一郎が社内報で航空機事業に参入すると明言してから苦節55年、和光での本格的な研究開始から31年、「ホンダジェット」の開発計画がスタートから20年、顧客への納入を果たしたが、機体の生産は計画より遅れ、エンジン事業では受注を見込んでいた業者との合意が白紙になるなどの問題や、サプライヤーの部品品質など、生産面の問題がなかったわけではない。

だが、民間企業の自前プロジェクトで、資金調達から航空機開発、生産担当する子会社設立なども、すべて自己責任。販売がうまく行かず、赤字になれば、倒産する。税金で補填されたりはしない。

2018年2月に、航空ショーを開催中だったシンガポールで、ホンダジェットは「ウィジェット」から、過去最多の16機を受注したと発表した。プライベートジェット運航会社のウィジェットは、「エアタクシー」と呼ばれる不定期航空サービスを欧州で手掛けている。使用機材を現行の米セスナから、今後18カ月かけてホンダジェットに全面切り替える。こうした小型機の市場はアメリカが最大で、そこから欧州、東南アジア、最後に日本にも展開してゆく。

☑航空機産業の明暗

現時点では、ホンダジェットとＭＲＪで明暗が分かれているが、航空機のサイズカテゴリーが両者は異なる。ホンダジェットはビジネスジェットの最小クラスで、個人や企業が所有する。ＭＲＪ（Mitsubisi Regional Jet）は、都市間の定期路線に使われる旅客機で、客席も最大92席と桁違いに多い。設計も複雑で、旅客の安全基準も厳しく、両者の比較は出来ないが、マネジメントに関して後者に問題がありそうだ。

当初、３～４年で米当局から認証を取り、２０１０年に一号機を引き渡す計画だったホンダジェットも２００６年の事業化決定以降、何度も躓いている。量産型設計に時間を要し、２０１０年末に初飛行、２０１２年の引き渡しに延期となった。結局、認証が得られたのは、当初計画から5年遅れの２０１５年末になり、開発スタートから実に30年近くが過ぎていた。

ＭＲＪ開発の本拠、三菱航空機は、かつて小牧空港と呼ばれた、名古屋空港のターミナルビルに本社が入っている。度重なる納期の延長と、型式証明の取得遅れのため、型式証明取得の経験がある技術者を海外から大量採用、航空機開発、設計の本質的な部分を担う高度な技術者で、開発コストが急増、外人部隊が今では総勢３００人にも上る。

当初１５００億～１８００億円とみられていた開発費は、３倍の５０００億円を超える可能性がある。２０１６年に同社は債務超過になり、64％を出資する三菱重工が、資金の不足を補填している。MRJは、初の国産ジェット旅客機という国家プロジェクトだが、本当に離陸できるのか見通しが立っていない。事業採算の目安といわれる1000機規模の受注の目途も立っていない。1000機が売れても、3000億円の開発費増は1機当たり、3億円以上になり原価に大きく影響する。

2018年1月、米イースタン航空のオプション含め40機の発注がキャンセルされたと発表。開発遅れがキャンセルの原因ではないとしているが、1機50億円の機材、40機分の売り上げを失うことになった。YS－11の夢よもう一度の掛け声で進められたプロジェクトだが、官僚が音頭を取った計画でもあるし、これまで何度もの計画遅れがあり、開発コストも大きく膨らんでいる。

MRJとホンダジェットでは決定的な違いもある。ホンダは機体もエンジンも1986年の着手から一貫して同じ責任者の下で、開発を進めてきた。ゼロからの出発だけに時間をかけてでもノウハウを蓄積させる道を取っていた。一方の三菱重工は子会社、三菱航空機のトップを次々と入れ替え、迷走しているようにも見える。YS－11の時と同じような組織で、夢が悪夢の再来にならなければよいが。

☑宇宙開発

宇宙開発はもともと軍事技術を転用したもので、ミサイルなどのロケット技術が大きな部分を占める。従って、人工衛星の利用を除くと日本では、大きな経済的効果はない。日本の宇宙開発のレベルがどうあれ、この技術で経済的に影響を及ぼすまでには至っていないだろう。

衛星の打ち上げでは着実に実績を重ねているが、まだ欧米の技術レベルには遠いのが実情。この技術に関しては、アメリカ、欧州共同体、ロシアがしのぎを削っていて、中国が次に来ることは間違いない。日本が独自にこれからコストをかけて開発を進め、ミサイルの技術を得ても使い道はないし、本来の宇宙に限っての開発には、アメリカや欧州或いは、中国などとの共同開発で、コスト負担と人材の育成をするのが現実的ではないだろうか。

先端技術の分野には以上のような完成品だけではなく、素材など色々な分野に応用の出来る技術がある。航空機の機体や翼にカーボンファイバーが使われたのはよく知られている。航空機全体の開発には多くの技術要素が含まれており、最先端を行くアメリカでも軽量で強靭な素材をアルミ合金、ジュラルミンや超ジュラルミン以降に開発できないでいた。そこを熱心に長年研究した日本の化学繊維会社が、量産体制を確立し、最新の旅客機ボーイング７８７に採用されたのは大きな成果である。

航空機でも、宇宙開発でも必要な要素技術が多岐にわたり、アメリカやロシア、中国でさえ、一国ですべての開発をすることが困難になっている。巨大プロジェクトは開発コストも5000億とか、兆円単位になっていて、資金調達の面でも一国で賄うのは難しい。日本は多方面と協力しながら、得意の部分を活かす政策をとる必要がある。カーボンファイバーなどの技術は一社でも開発出来たが、長い年月がかかっている。その間に、会社の業績が傾けば、完成させられなかったかもしれない。

また、ボーイング787の電源にはリチウムイオンバッテリーが採用されている。これは日本で開発され、実用化された技術で、今後EVに多用される可能性があるのに、今はもはや、日本での生産は縮小している。これも、韓国と中国がキャスティングボートを握っている。日本も次世代の全固体電池などの技術で覇を競っているが、日本は最近もう一歩の粘り、頑張りが薄れてきているのではないだろうか。

6 ロボット

精密機械技術のハードにメカトロニクスを結びつけ、生産自動化を進めていた製造業各社は、産業用ロボットを開発していた。その技術を消費者向け商品としたのは卓越したアイデアで、1999年発売のソニー『AIBO』がブームに火を付けた。だが、その後ソニーは開発を断念、開発部門がトヨタに譲渡されたり、技術者は海外に離散したりするという、大きなマネジメントミスを犯している。

２０１１年に起きた福島原発事故では、立ち入りが難しい危険作業が激増、「ロボット大国」日本のロボットに期待し、『ＡＳＩＭＯ』や人型ロボットの活躍の場と思ったが、放射線への対応をしておらず、ホンダはそれが不可能なことを認めてしまう。最初に構内に入ったのは、米国アイロボット社が無償提供した2台の多目的ロボット「パックボット」だった。

アメリカでは軍事ロボットの研究開発が進み、「パックボット」もその一つで、原発の構内に入り、放射線量などを測定した。アイロボット社は屋外の瓦礫処理などにも、運搬用ロボット2台を提供、更に米国製ロボット「ウォリアー」、「Ｔ・ホーク」などが投入され、海外のロボットが活躍する反面、日本製が役立たずであることを確認することになった。

欧米では原発災害現場でロボットが不可欠として、実践的な研究を進めていたが、「災害大国」日本で地震や台風、火事などの災害に対応した技術蓄積が乏しいのが原因とされた。米国の軍事用ロボットはアフガニスタン、イラクなど世界の紛争地域で地雷除去、爆弾処理、人命救助などで活躍、既に４０００台以上が実用に供されている。

日本は原発の「安全神話」を官民挙げて創り上げ、国の予算を間違った方向に使っていた。税金も電力会社の広告費も、実際の安全確保や環境配慮などには使われず、「原子力はクリーン、安全、安価」というプロパガンダに多くが使われ、反原発を押さえ込んでいた。小泉元首相が原発に関して上がってきた報告はすべて嘘だったと、語っているのも頷ける。
事故から6年後、原発3号機の建屋内に最新型国産ロボットを投入。「クインス」という、国際レスキューシステム研究機構と千葉工大が、地下街などで災害救助支援用ロボットとして開発、瓦礫内の走破性能は世界一という前評判のロボだった。ところが、建屋内で水位計の設置や採水の課題はこなしたが、横転して瓦礫を乗り越えられず、進むことも下に降りることもできず、圧力容器のデブリも確認できず、ケーブルが切断され、動けなくなって戻って来られず、その場に廃棄となった。

国産ロボットは福島事故から6年経っても、こんなに惨めな状況だが、マスコミ報道は未だに、日本から「ロボット大国」の看板を下ろしていない。

☑ロボコンでの惨敗

それればかりではない。2015年6月にカリフォルニアのPomonaで、災害対応ロボットのコンテスト『DARPA Robotics Challenge（DRC）』が開催された。主催したのは米国防総省、DARPA（Defense Advanced Research Projects Agency＝国防先端研究プロジェクト部門）で、福島原発事故を踏まえ、2012年から開催されていた。米国が12チーム、日本5チーム、韓国3チーム、ドイツが2チーム、イタリアと香港が各1チームの、合計24チームが参加し、災害対応能力を競った。

課題は福島原発を想定し、各チームのロボットが、運転やドア通過、バルブ開栓、壁の穴開け、階段上りなど、八つの課題を設定した障害物コースで競うもので、韓国チームＫＡＩＳＴのＤＲＣヒューボ（DRC-Hubo）が優勝、賞金２００万ドル（約2億５０００万円）を得た。2位（賞金１００万ドル）は、米国のＩＨＭＣロボティックス（Team IHMC Robotics）、３位も米国のタータン・レスキュー（Tartan Rescue）で、5チーム参加した日本勢はやっと10位に入っただけで、全く惨めな結果だった。

日本からコンテストに参加した中には、産業技術総合開発機構（ＮＥＤＯ）という国立研究機関から編成して参加しているチームもあった。福島の事故から4年過ぎた時点で、税金を使った国立の研究所でも、実用になるレベルのロボットが出来ておらず、メディアもおざなりな報告はするものの、こうした状況が大きな『問題』だとは捉えていない。

公正を期すために記すと、２０１3年の同様のコンテスト予選では、東大発のベンチャー企業「ＳＣＨＡＦＴ」が1位で通過した。だが、2月にグーグルによる買収が発表され、翌年の本戦には参加しなかった。当初、「ＳＣＨＡＦＴ」は国内のベンチャー投資会社を回ったが、資金はまったく集まらなかったという。やむなく海外の投資会社をあたるうち、グーグルが興味を持ち買収される運びとなった。

☑人間への反逆はないか

結論からいえば、NOである。欧米でのロボットの一般的なイメージは、いつ人間に反逆するか分からない不気味な存在として『2001年宇宙の旅』や『ターミネーター』、『宇宙空母ギャラクティカ』等の例をあげている。中には、『宇宙家族ロビンソン』の「フライデー」や『スター・ウォーズ』などに、人間の友達としてのロボットがいないわけではないが、例外だとしている。

「人工知能を作る場合、その道徳感覚を考慮せず、間違いを犯したことに後悔の念を抱くような意識感覚を作らなければ、その人工知能は精神病だ」とする意見もある。逆に自律ロボットの頭脳、すなわち機械学習を重ねて賢くなった人工知能は、必ずしも倫理的な振る舞いをするとは限らず、自主的に法律を守るようになるわけでないとする議論もある。しかし、人間が普通に学習を重ねて賢くなっても、倫理的になるとは限らず、法律を守ることもない。**トランプや金正恩**を見ればわかることだ。

自律ロボットが、理性的であるとか、性悪説による性格になると心配する必要はない。どの国の軍隊も殺人ロボの性能アップに余念がなく、兵隊ロボや無人戦闘機や爆撃機が数多く開発され、実用化されている。プレデターという無人爆撃機は実戦に利用され、人間の指示に従うだけでしかない。目的は結局、破壊や殺人でしかなく、倫理観とか良心などといったカケラもない。

韓国科学技術院は防衛大手ハンファと共同で「国防人工知能融合研究センター」を設立、人工知能を用いる国防研究をすると発表。これに世界の人工知能やロボットの専門家50人が、キラーロボ開発の恐れがある旨を抗議し、今後協力をしないと宣言した。韓国側はキラーロボは作らないと表明したが、ハンファはクラスター爆弾を生産する企業で、疑念は晴れない。韓国は極秘に原爆の開発をするなど信用のおけない国で、他が協力するしないにかかわらず、キラーロボの開発はするだろう。

２０１４年５月の米国ＮＢＣニュースや２０１５年６月の『産経新聞』、２０１７年９月英紙『デイリーメール』などは、韓国はキラーロボを既に実用化していると報道した。これはサムスングループの軍事機器開発・製造を手がける「サムスンテックウィン」と、韓国の高麗大学が、２００６年に共同開発したSGR-1で、韓国と北朝鮮との間にある非武装地帯に、韓国軍の兵士と配備され、国境を越えようとすれば、赤外線センサーなどで感知し、機関銃や迫撃砲で２マイル先の標的を確実に捉えることができる。

軍事ロボットは１９７０年頃から電子誘導装置が発達し、無人偵察機がアメリカやイスラエルで開発されている。画像処理や通信の進歩で、リアルタイムで遠隔操縦が出来るようになり、完全自動操縦も実戦で利用されている。米国は２００９年から予算を確保し、同年だけで１０００機以上が実戦配備されている。攻撃機、センチネルRQ-170も実戦に使われ、プレデターMQ-1も、アフガニスタン紛争、イラク戦争などで実戦導入され、有人機と空中戦になったケースもあるという。

ただ軍事用途の開発は、多くが国家機密に属し、実態はもっと進歩しているかもしれない。中国は攻撃能力を持つ無人機の中東・アフリカ諸国への輸出が観測されている。ナイジェリア軍のボコ・ハラム攻撃、エジプト軍やイラク軍のＩＳＩＬ作戦、サウジアラビアとアラブ首長国連邦のイエメン内戦介入などで使用されているようで、無人機による紛争拡大が懸念されている。

ロボットの定義を、人に代わり何らかの作業を行う装置、あるいは機械であるとすると、これらの無人飛行殺人機器もロボットである。ＡＩが更に進歩し、ロボットが倫理観を持つとか、持たないとか、良心の呵責に堪えない感覚がないことを心配するナイーブな議論は必要ない。そうしたロボットは一部では完成していて、どのように使うかは、いつの時代になっても人間だけに委ねられている。その人間が倫理観をもっていなかったり、良心がなかったりする方が『問題』なのである。

☑人間の仕事を奪うか

結論からいえば、ＹＥＳである。欧米ではロボットの反逆よりも、別のことを危惧している。ロボットの能力が人間のレベルに近づくと、人間の仕事が置き換えられてしまい、産業革命の時に機械化によって職を奪われることを心配した労働者層は、工場や機械を打ち壊し運動という行動に出ている。

今更、これほど普及しているコンピュータを打ち壊すことなど出来ないが、人間がしている仕事の多くを、ＡＩやロボットがするようになるのは避けられない。仕事が全て一挙に置き換わることはないが、工場や事務所で自動化や機械化は更に進んで、それは増えることこそあれ、減ることはない。人間と機械を比較して、同じ仕事をするのにコストの安い方に投資が向かうことになる。

多くの人の、実用化された場合のロボットへの期待は、人間が嫌がる仕事、かつて３Ｋといわれた、きつい、汚い、危険な仕事をしてくれることにある。人型ロボットが、女中さんや奉公人がしていた雑用を、一手に引き受けて、力仕事もしてくれるというのが理想的だ。掃除をしてくれるロボットはあるが、掃除機が走り回って部屋の中のゴミを吸引してくれるだけで、人間がハタキがけをして、ホウキで掃き、廊下や床をゾウキンがけしていた掃除には到底及ばない。

掃除一つにしても、家具の下や陰になった部分に潜んでいるゴミがあるので、家具を少し動かしたり、ゴミのある場所に手を伸ばしたりしないと、きちんとした清掃にならない。棚の上や箪笥の上の埃やゴミは、そこにある花瓶や書類、筆記具などと峻別して片づけなければならない。こんな高度な仕事は、今のレベルのロボットには出来ないが、いつまでもロボットでは出来ないわけではない。一家に一台、掃除ロボ、料理ロボ、片付けロボを兼ねた万能お手伝いさんロボが、やがてやってくる。

既に、買い物なら「アレクサ」に頼めば、欲しいモノを注文し、届けさせられるし、定期的に補充が必要なモノもきちんと届く。出前のピザや寿司もアレクサに頼めば良い。まだ、掃除や片付けなどは出来ないが、それも間もなく、してくれるようになる。アレクサはロボットではないので動けないが、動かなくて出来ることは何でもしてくれる（「アレクサ」はアマゾンのスマートスピーカーへの呼びかけ）。

☑流通を変える宅配ロボ

ロボットの技術を利用して最も早く、実用になるのは宅配ロボかもしれない。国内、海外とも多くの企業が開発をしていて、いくつもの実用実験もされている。

２０１７年、東京のＺＭＰ（社名は“Zero Moment Point”に由来）は、食品配送用宅配ロボを開発。物流会社などに提供している物流ロボの技術を応用、企業の敷地内で宅配事業のベンチャー、ライドオン・エクスプレスと実証実験を行った。宅配業界は人手不足が深刻で、ロボットが顧客宅までの配送を代行し、配達員の負担減、消費者の利便性を高めるのが狙いで、問題点も認識し、２０１８年には改良型で実験したが、まだ好ましい結果は得られていないようだ。

Starship Technologiesは、２０１４年にエストニアで設立されたベンチャー。自走式小型宅配ロボ「Starship robot」を開発。英フードデリバリー大手と実験の結果、現行の配達と変わらない結果を得た。英、独、米で、実用実験も行い、商品配送、郵便配達など汎用性が高い。ロボットにモバイル技術、地元の配送システムを組み合わせ、より迅速に、ローコストで行うことを目指している。

同社はメルセデス・ベンツ・バンと提携し「Robovan」と呼ばれる車両を開発。複数の配達ロボをバンに搭載し、その移動と配達ロボを組み合わせ、効率的な輸送システムとしている。完全な自動走行だが、コントロールセンターで常時監視していて、歩道上の人を避け、半径2～3マイルの範囲に配達する。配達に来たロボットにＰＩＮを入力すると、ロックを解除し、商品を取り出せる。

宅配ロボは近距離のモノの配達、配送をする装置とすれば、近い将来に実用化される可能性は非常に高い。出前やネットスーパーでの買い物に限定しても、多くの利用が見込まれ、機能を追加して店舗から住居までの配達、新聞や定期刊行物の配布、郵便物の配送などにも使え、受け取るだけでなく、発送も可能にしてくれる。宅配ロボには社会インフラとして、例えば専用の地下坑道をつくったり、スキーリフトのように吊り下げた移動方法なども混在させたりすれば、安価な高速自動配送が実現される。

重いものをもっての移動がなくなり、遠距離旅行でも、スーツケースは自宅から空港へ、或いは空港からホテルや自宅への配送も自動化される。買い物して他を回ってから帰宅するのに、買ったモノは帰宅する前に届いているサービスが実現されるし、購入したものがすぐに届くようになれば、中央市場や倉庫からの直接販売も増える。

スーツケースサイズで30kgほどなら、車と同程度の速度での移動は、難しい技術ではない。ビールの1ケースの配達でも、うどんやそば、ピザの出前でも、冷蔵の宅配便でも利用できる。ゴルフやスキー用具も目的地に送付しておき、利用後の返送も自動化される。

☑ロボットの頭脳、IT

自動化が進むと交通や移動手段以外にも、生産活動などで人間が関与せず、或いは少ない関与で社会が成り立つことになる。事務処理はコンピュータに、生産、移動など物理的な動きはロボットに任せれば、人間の仕事が置き換えられる。荒唐無稽な話ではない。今まで人間が獲得した科学知識と応用技術を使えば、そうなる可能性は大きい。というより、生産性の向上を求めるのは当然で、そうした方向に向かって、人間は活動していたのではないか。そうしたいと望んでいたのではないか。

ＩＴといわれるコンピュータをベースにした情報技術は、記憶とか計算では、既に人間の能力をはるかに凌駕している。しかし、これは例えば膨大な辞書を記憶しているだけで、内容を理解してはいない。何十巻もの百科事典も便利だったが、オンライン事典には情報量でもアップデートでも全く歯が立たず、消えてしまった。計算も、例えば円周率を小数点以下何千桁までをアッという間にするが、それを役立たせるには、人間が指示をしてやる必要がある。ここがＩＴの限界である。

ＡＩの進化は驚くほど速く、かつて大人が楽しんできたゲーム、チェスや囲碁、将棋でコンピュータに勝てる人間はいなくなってしまった。機械学習といわれる方法での、ＡＩの学習スピードは非常に速く、人間が何年もかけて習得する能力を、数時間で或いは数分で習得してしまう。ただ、将棋などの打つ手を検証しても、何故その一手になったのかが分からないことが多いという。

多くの勝ちパターンを記録している機械が、その中から最も勝率の高い一手を選んでいたり、人気投票のような決定方法なのかもしれない。恐らく未だ、論理的にこの一手で次に相手がどんな手を打ってくるかのパターンを分析して、勝利までのアルゴリズムを構成出来ていないだろう。

☑AI：AIゲシュタポ

防犯カメラというのがある。今では人通りの多い街角や、公共の場所、駅や空港などに取り付けられていて、事件や事故が起こった時に、その原因究明の検証に役立てている。しかし、このカメラの映像には何万人もの人が映っているため、事故や事件が起きたときに、保存しておいた映像を人間が後々再生して確認するという気の遠くなるような作業をしていた。

金正男がマレーシアの空港で暗殺された録画映像も、そのようにして実行犯を割り出している。その映像をご覧になった方も多いだろう。こうした作業は、事件後の原因や犯人の究明には役立つが、抑止力にはあまりならない。テロなどの事件後に実行犯が準備をしていて、目星をつけていたといった話が聞かれるが、それも事件が起きた後の話でしかない。だが今や、公共の場所や街角など至る所にカメラが設置され、膨大な量の不特定多数の人の映像が記録されている。

そうした映像は、保存し事後に検証されるだけではなくなっている。カメラの映像は逐一分析され、映像の中の人間には番号が割り振られ、行動が番号とともに記録される。定期券を使えば、即座に誰かが分かるし、空港で入出国審査を通れば確実に特定できる。飛行機に乗れば、誰がいつ、どこに飛んだかが把握され、到着した空港からの映像も分析して、どこに行ったかの詳細も分かる。各所にあるカメラはリレーして追跡され、もはやプライバシーはないものと考えた方が良い。

おそらく航空会社は旅客の旅行記録をファイルしているに違いない。パスポートを発行している法務省は、個人記録、特に海外への渡航記録を、最近10年間分ほどは把握しているだろう。しかし、そうした個人情報のビッグデータを当局以外で、誰が持っているかは問題で、警察や公安だけならまだましだが、ラリー・ペイジなのか、ジェフ・ベゾスなのかといったことと、それがマフィアなどの犯罪組織に渡らないといった保証もない。

グーグルやアマゾンはネットを使って、ユーザーに色々と便利な機能を提供し、その見返りに多くの個人情報を蓄積している。何かを購入しようと思ったときに、ネットで情報を検索したり、旅行に出かけようとして、ホテルや航空券の価格を調べただけでも、その意図は把握される。どんなところへ、いつ頃行きたいかが伝わり、次にネットでメールを見たり、ネット新聞を眺めただけでも、行きたくなる旅行先の情報を装った広告が表示される。

実は既にその前に、何かを買わせようと、或いは旅行に行かせようと、記事を装ったネットニュースや、旅行情報などが提供される。購入への誘導や、旅行への勧誘だが、こうした誘導や勧誘に乗らないで、自分で情報を探し、買い物や旅行をしようとするのは、ほとんど不可能になっている。スマホやパソコンを使えば使うほど、どんな情報を欲しいかが誰かに、捕捉、把握され、次に勧誘、誘導される。

アマゾンやグーグルは個人情報の詳細、収入、資産、趣味、動向などの膨大なデータを掴んでいる。お金を使わせるには、個人情報のデータをもとに、どんな商品が欲しいか、どこへ旅行したいか、どの価格帯なら払えるかなどを組み立て、情報提供をする。それは提案になり、やんわり勧誘され、やがて誘導される。それに乗らないのは難しく、乗って旅行したり、商品を買っても満足度は高い。その評価までさせられ、知らないうちに、次々と提案が来て、誘導されるサイクルにはまり込む。

アマゾンやグーグルは膨大な売り上げを更に増やす。

アマゾンやグーグルなどの情報蓄積は膨れ上がり、それが時々流出したりして、話題になることがある。悪意を持った誰かに、こうした情報を利用されると、何も買わないのに個人口座から現金が引き落とされていたり、定期的にどこかに振り込まされていたりすることにもなる。犯罪にこうしたビッグデータが利用されると、ゆすり、タカリなどにも結び付きかねない。無料のポルノに誘導され、何時間か楽しんで、繰り返しているうちに、次にはメールが飛び込むことになる。

「貴兄のご覧になった映画はン時間になります。１時間１万円ですが、この視聴料が払われておりません。つきましては……までに計ン十万円の料金を、下記に振り込みください」あなたはこれを無視するかもしれない。しかし、次のメールは「視聴料は未だ支払われていません。出来るだけ速やかにお払い下さい。支払いのない場合、貴兄の連帯責任者・奥様にお支払い頂くよう、お願いのメールを出すことになります」この脅迫は段々エスカレートし、請求額も上がる、ゆすりなのだ。

もはやあなたは裸同然なのです。

それればかりではない、２０１６年米大統領選中、フェイスブックやツイッターにロシアが関与したとされる大量の偽ニュースが流れ、トランプ大統領の誕生に、貢献したとの噂がある。また最近、中国はカンボジアの選挙にサイバー介入し、選挙結果を左右したとの情報もある。日本では、ネットを選挙に利用するのは制限されているが、ＳＮＳなどで候補者や選挙関連のフェイクニュースを拡散するのは止められない。それが、特定の候補者を有利にしたり、落選させたりすることも可能にしている。

アメリカのシンクタンクはロシアの介入手法を報告している。不正入手した機密情報から偽情報を組み立て、ネットに流し大衆心理を操作する。特定候補を中傷したり、世論を醸成して、選挙に影響を及ぼす。ビッグデータから、人の嗜好や思想にまで踏み込んで、誰でもが情報を発信できるＳＮＳが普及し、可能になった手法だ。国の政治体制まで、見えない力に弄ばれる。

7 エネルギー

２０１８年元旦、午前6時。ドイツにおいて電力消費の１００％が再生可能エネルギーで達成されたとの記事が1月5日の『南ドイツ新聞』に載った。その前日、ドイツテレビ放送全国ネットのＺＤＦでは、元旦に電力消費の95％が再生可能エネルギーで、そのうち85％は風力発電であったと報じた。

図5のグラフはドイツが２０１７年までに達成した、エネルギー消費量とその色の濃い部分は再生可能エネルギーで達成した部分である。２００８年に策定された計画では、２０２０年までにエネルギー消費量の削減を２００８年比で10％減として、２０５０年には25％の削減を目標としていた。また、再生可能エネルギーの割合を２０２０年には35％以上、２０５０年には80％以上の目標に設定していた。

ところが、２０１８年元旦には瞬間風速ながら、朝6時に再生可能エネルギーでの１００％の供給を果たし、17年通年でも、２０２０年の目標を3年前倒しでクリアーしている。残念ながら、エネルギー全体の削減目標は達成出来ていないが、**２０１８年の9月までの消費量も**

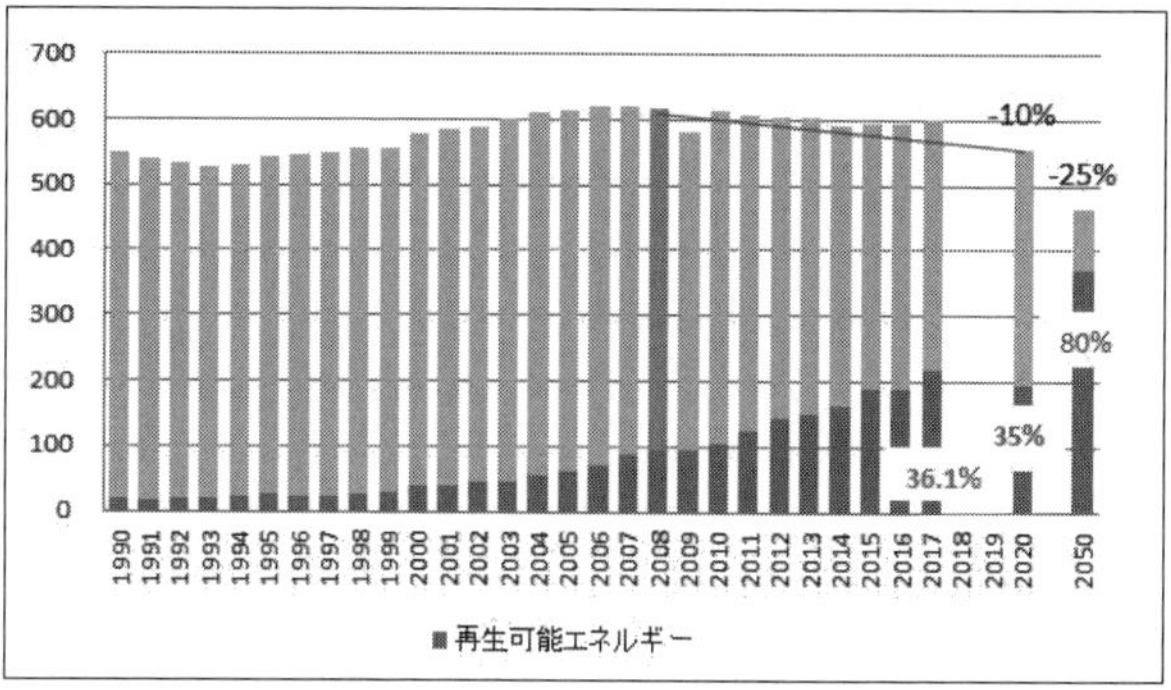

図５　再生可能エネルギー推移（単位　Twh）

38%を再生可能エネルギーで達成している。しかし、こうした報道が日本のメディアに載った形跡はない。

すべての経済活動にはエネルギーが必要で、産業革命がなされたのも、エネルギーの需要にこたえられたからで、１８１４年にスティーブンソンが発明した蒸気機関は、鉄道の動力源となり、海上を含めた輸送や移動を高速にし、効率化をもたらした。これが革命とよばれるほどのインパクトをもたらし、産業革命とされたことは前述の通りである。

こうしたエネルギーは輸送や工場の動力に利用されたが、エネルギーを利用するにはその近くに動力を発生させる装置が必要になる。エネルギーを遠くに送ることが出来る電力を利用するのは未だ先のことで、１８７８年にイギリスのアームストロングが自宅に水力発電機をもうけ、庭に設置したアークをともしている。これが発電機の利用のはじめとされ、彼は発明者とされている。

エネルギーに関して安全確保や廃ガス規制が厳しくなり、環境汚染が課題になっている。原理的にも大変複雑で難解な原子力と、原理は簡単な再生可能エネルギーを取り上げたい。発電の際に一切環境汚染物質を排出しないという原発は、コスト的にも環境汚染問題でも優位であるとされているが、福島の事故から議論が再燃している。これが事実なのかも含め、日本の実情に迫ってみたい。

☑エネルギーと環境問題

日本でも再生可能エネルギーが、いくらか利用されているが、大きなブレーキは、ここでも既得権である。発電した電力は送電網に乗せないと、利用出来ない。その送電網を握っているのは、古色蒼然、旧態依然の電力会社である。送電網を持っている企業が、他社の安い電力を送電すれば、その企業の電力は売れなくなる。そのため送電網に乗せないか、乗せても法外な送電料金を請求する。

２０１７年、ボンで開催された気候変動枠組み条約締約国会議ＣＯＰ23。そこで日本のエネルギー政策が非常に遅れていることが確認された。11月の『毎日新聞』の社説に、「ＣＯＰ23が開かれ、地球温暖化対策の新たな国際枠組み『パリ協定』のルール作りを加速し、世界各国の温室効果ガス排出削減目標の上積みを目指す促進的対話を、２０１８年に実施することが決まった。（中略）残念だったのは、石炭火力発電を重視する日本の姿勢が、環境ＮＧＯなどから激しく批判されたことだ」。

先進国のエネルギー政策としてはお粗末すぎる。「石炭火力は最新型でも二酸化炭素排出量が多く、温暖化対策に逆行する。英国やカナダなどの国や自治体が、石炭火力発電の廃止を目指す連合を組織したが、日本は米国と協力、東南アジアやアフリカに石炭火力発電技術を輸出する方針。国内の新設計画も40基以上あり、ＮＧＯが会場で日本に抗議活動を展開する異例の事態に発展した」

また、福島の事故以来、原発に多くの疑問符がついているが、今なお国策として原子力を日本の基幹エネルギーと位置付けている。福島の事故から、原発の全廃を決めたドイツは、いま再生可能エネルギーが原発を凌駕している。未だに核廃棄物の処理方法が見つからない原発へのこだわりと、石炭火力を今後も推進する日本は、政・官・民の癒着の構造とともに、政策への大きな批判になっている。

☑原子力発電

原発は現在の技術をもってしても、未だに完全な制御が出来ていない。原発は必要な時に必要なだけの電力を取り出すことも困難で、多くの制御装置が必要になる。コストが非常に高くなって、太陽光発電や風力発電などとは太刀打ちできなくなって久しい。更に安全性の面でも多くの問題を抱え、その上核廃棄物の処理が出来ないという、コスト高、危険、核廃棄物の3K問題を抱えている。

核廃棄物の処理を含めた原発の安全性確保の技術は、完成の域にはほど遠く、天災の多い日本では、多くの安全対策を施しても、完璧になることはない。その上、航空機の落下直撃や、更にはミサイル攻撃まで考慮すれば、その安全性の確保は不可能と言え、福島の原発事故でも証明されている。福島原発は安全性に瑕疵があったともいうが、原発への完璧な安全対策など出来ることではない。

人口増加と経済成長により、エネルギー消費が年々増加し、原子力発電が大きな期待を背負って登場した。しかし、原発の技術が未熟のまま稼働を始めてしまい、世界各地で大きな問題を出し続けてきた。日本の技術レベルが高いという神話も、福島原発事故以前に崩壊している。

原発の利用の際に議論になるのは発電コストで、原発には燃料製造、発電所建設、運転などの「フロントエンド」と、放射性廃棄物の処理、廃炉費用や核燃料サイクルにかかわる「バックエンド」とがある。バックエンドは莫大な額になるのだが、今までは低く見積もられていた。廃炉費用は電力料金に含め各電力会社が積み立てているが、それが費用に見合うかも危惧されている。

日本原子力発電によると、原子炉一基の解体から放射性廃棄物の処理を含めた廃炉費用は、2002年の段階で約550億円といわれていた。この費用見積もりは小型の東海第二原発をベースにした試算で、解体が始まった段階でも解体だけで350億円、加えて廃棄物処理に580億円以上がかかると見積もられている。1000億円には収まりそうにもないといわれている、いい加減な見積もりである。

福島原発事故での廃炉費用は、どのくらいになるのか試算さえ憚られている。解体費用だけでも何兆円単位で、放射性廃棄物の処理にどれほどの費用がかかるのか、今もって計算出来ない。解体に伴いデブリとなった燃料を取り出し再処理を行う。使用済み核燃料と同様、再利用できる分を分離、残る高レベル放射性廃棄物は、ガラスで固体化され地下300mほどの地層に埋設処分をする。

費用が計算できないのは、実は再処理が未だに日本で出来ないのと、埋設処分地が未定であるからである。これが日本の原発技術の実力で、出来るかどうかも分からない再処理に、いくら投入しなければならないかは当然分からない。日本の再処理工場は青森県六ヶ所村にあって、1993年の計画時点で、2009年2月を稼働としていたが、様々なトラブルが相次ぎ「時期未定」としたケースを含めて、23回も稼働の延期をしている。2017年7月の時点で、今後の見通しは「言及できる段階にない」としている。

処理工場の建設費用は当初7600億円と発表されていたが、現在、約2兆9500億円と膨らんでいる。重要な計画が23回も延期され、費用見積もりも4倍近くに膨れ上がっている。これが日本の原発の実態で、そのツケは国民に回ってくる。ツケが回ってきたときの責任者は政府で、さしずめ現政権の閣僚はA級戦犯だが、結局ツケを払うのは国民でしかない。また、地層処分の放射性廃棄物は、今後100年単位での監視が必要で、負の遺産として大きく残る。

☑ 問題だらけの原発

再生可能エネルギーに価格的メリットがないと考えられていた頃、太陽光発電の光電変換効率が良くなく、コストは高いものであった。また、太陽光が得られる時間帯が限られ、天候の影響も大きく、不安定であるなどの欠陥があった。今では効率は飛躍的に向上し、コストも安くなり、更に送電方法や蓄電と組み合わせることで不安定さを補うことも出来、十分に実用になることが分かっている。風力発電も同様に、実用化されてから未だ日が浅いが、大きなエネルギー源になっている。

一方、大きな期待と共に導入された原子力だが、技術開発に手間取り、未だに安全な発電は実現できていない。「発電時に温室効果ガスを排出しない」と取り立てて「発電時に……」と断っているのは、発電するために濃縮ウランが必要で、その濃縮ウランをつくるのに、非常に多くのエネルギーを必要とするが、それには、電力を利用するか、他のエネルギー源に頼らざるを得ない。それには温室効果ガスも排出するので、発電時に……と断らざるを得ない事情がある。

天然に存在するウランは、核分裂しないウラン２３８が大部分で、ウラン２３５は０・７％ほどしか含まれていない。原子炉では核分裂反応を起こせるため、３％ほどに濃縮する。核燃料はウラン２３５が３％ほどと、残りはウラン２３８の組成となっている。発電に使われた後の核燃料は、すべてのウラン２３５が燃焼してしまうわけではなく、１％ほどが残り、ウラン２３８は95％ほどに減る。残りは１％のプルトニウム２３９と、３％ほどが**80種にも及ぶ核分裂生成物**となる。

ウラン２３５とプルトニウム２３９は核分裂をするので、燃料として抽出する処理を再処理と言い、核燃料として利用できる。しかし、それ以外の核分裂生成物は毒性が強く、非常に危険で、この処理が大きな『問題』になる。原爆はほとんどがプルトニウムを利用していて、使用済み核燃料を大量に保有しているアメリカやカナダは再処理をせず、そのまま廃棄物として直接処分をしている。直接処分は廃棄物の冷却後に地中のコンクリート構築物で保存する方法がとられている。

廃棄物の危険性と処理の難しさから、日本を含めた多くの国で、この最終処分場を構築する場所が見つかっていない。こうした原発のデメリットは、認知されるようにもなったが、日本では原発関連の既得権を持つ連中、原子力村や原発御用学者などの反キャンペーンで、原発が未だに有用だと思っている人も少なくない。こうした資金が投入された組織には、原子炉をつくる会社、その付属品や部品を供給する会社、核燃料の供給組織など含めて、多くの利権構造がないまぜになっている。

既得権層が大きな政治的圧力になって、日本で原発は廃止されない。更に大きな税金が投入され、税金を食い物にしている層には、願ってもない既得権が温存され、親方日の丸だから事故や故障があっても、完成予定が何十回延期されても、予算が何倍になっても、建設、納入やら、周りの業者を含めて、結構な稼ぎに与るだろう。一方、国民は厳しく税を取り立てられ、貧しくなってゆく。

第6章 日本の国力

1 日本の国力

国力とは経済、軍事、文化、資源、人口などを総合した国の力で、経済力は国内生産、食料自給、資源量、労働力人口など、産業構成、外貨準備、通貨の信頼性などからなり、GNPやGDP、1人当たりのGDP、エネルギー生産消費量などで測定される。軍事力は兵員数、兵器の性能など量的な要素と、戦略、訓練、情報などの質的要素を総合して測定され、技術力は国の科学技術がもたらす能力で、軍事力を向上させるのにも欠かせない。

医療、保安、交通など社会整備やインフラ面では、測定項目の重みづけで数値が左右され、音楽、絵画、演芸、芝居など文化面での活動は数値化するのが難しい。また、国民が幸せかどうかの測定は簡単ではないが、最近は色々な要素を分析して、数値化する試みがなされている。

☑人口と面積

国家の人口や面積も国力と結びついている。表5は国連が発表した2016年の世界の人口

表5　人口ランキング

2016年

Pos	国名	千人	比率
1	中国	1,411,415	19.07%
2	インド	1,324,171	17.89%
3	アメリカ	322,180	4.35%
4	インドネシア	261,115	3.53%
5	ブラジル	207,653	2.81%
6	パキスタン	193,203	2.61%
7	ナイジェリア	185,990	2.51%
8	バングラデシュ	162,952	2.20%
9	ロシア	143,965	1.95%
10	日本	127,749	1.73%
11	メキシコ	127,540	1.72%
12	フィリピン	103,320	1.40%
13	エチオピア	102,403	1.38%
14	エジプト	95,689	1.29%
15	ベトナム	94,569	1.28%
16	ドイツ	81,915	1.11%
17	イラン	80,277	1.08%
18	トルコ	79,512	1.07%
19	コンゴ	78,763	1.06%
20	タイ	68,864	0.93%
21	イギリス	65,789	0.89%
22	フランス	64,721	0.87%
23	イタリア	59,430	0.80%
24	南アフリカ	56,015	0.76%
25	タンザニア	55,572	0.75%

WHO 2018より

ランキングで、日本は世界で10位の人口を抱えている。比率は世界人口を74億人として計算している。

　日本は島国なので国境を接している国はなく、樺太の南部が日本領土だったころ、島の中で国境を接してロシアと対峙していた。現在どの島の中にも国境を接している他国はないが、一部の島は領有権が確定しておらず、北方領土はロシアと、竹島は韓国／朝鮮と見解が異なる。尖閣諸島は台湾／中国と異なる見解だが、実効支配している日本が、領土問題は存在しないとしている。

日本の国土面積は38万㎢で、地球の陸地の０・２５％でしかなく、ランキングは表６のよう

表６　面積ランキング

Pos	国名	1000 km^2	比率
1	ロシア	17,098	11.5%
2	カナダ	9,985	6.7%
3	中国	9,550	6.5%
3	アメリカ	9,550	6.5%
5	ブラジル	8,514	5.7%
6	オーストラリア	7,692	5.2%
7	インド	3,287	2.3%
8	アルゼンチン	2,780	2.0%
9	カザフスタン	2,725	1.8%
10	アルジェリア	2,382	1.6%
11	コンゴ	2,345	1.6%
12	グリーンランド	2,166	1.5%
13	サウジアラビア	2,149	1.4%
14	メキシコ	1,964	1.3%
15	インドネシア	1,910	1.3%
16	スーダン	1,861	1.3%
17	リビア	1,760	1.2%
18	イラン	1,629	1.1%
19	モンゴル	1,564	1.1%
20	ペルー	1,285	0.86%
21	チャド	1,284	0.86%
22	ニジェール	1,267	0.85%
23	アンゴラ	1,247	0.85%
24	マリ	1,240	0.83%
25	南アフリカ	1,221	0.82%
62	日本	378	0.25%

Wikipediaより

になっている。世界で20位までに入らないし、50位にも入らず、62番目に広い（狭い）面積でしかない。

これを日本を囲んでいる海洋まで入れて考えると、世界における立場が変わる。陸地から200カイリまでをEEZ或いは排他的経済水域と言い、水産資源や海底鉱物資源などの管轄権を行使しうる。その内側に領海があり、これは陸から12カイリまでで、領土同様、沿岸国の

表7　EEZランキング

Pos	国名	km²
1	アメリカ	11,351,000
2	フランス	11,035,000
3	オーストラリア	8,505,348
4	ロシア	7,566,673
5	イギリス	6,805,586
6	インドネシア	6,159,032
7	カナダ	5,599,077
8	日本	4,479,388
9	ニュージーランド	4,083,744
10	中国	3,879,666
11	チリ	3,681,989
12	ブラジル	3,660,955
13	キリバス	3,441,810
14	メキシコ	3,269,386
15	ミクロネシア連邦	2,996,419
16	デンマーク	2,551,238
17	パプアニューギニア	2,402,288
18	ノルウェー	2,385,178
19	インド	2,305,143
20	マーシャル諸島	1,990,530
21	ポルトガル	1,727,408
22	フィリピン	1,590,780
23	ソロモン諸島	1,589,477
24	南アフリカ	1,535,538
25	セーシェル	1,336,559

Wikipediaより

主権が及ぶ。従って表7には領海が含まれていないが、それを含めると、またランキングが変化する。さらに、陸地面積を加えて、地球上での領有権が及ぶ面積になると更にランキングが変化する。

こうしてみると、日本が地球上で占有的に利用できる面積は、結構大きいことが分かる。

表8　EEZ＋領土ランキング

Pos	国名	km²
1	ロシア	24,664,915
2	アメリカ	21,814,306
3	オーストラリア	16,197,464
4	カナダ	15,607,077
5	中国	13,520,487
6	ブラジル	12,175,832
7	フランス	11,655,724
8	インドネシア	8,063,601
9	イギリス	7,048,486
10	インド	5,592,406
11	メキシコ	5,141,968
12	日本	4,857,318
13	デンマーク	4,761,811
14	ニュージーランド	4,352,424
15	ポルトガル	3,969,498
16	アルゼンチン	3,939,463
17	キリバス	3,442,536
18	ミクロネシア連邦	2,997,121
19	パプアニューギニア	2,865,128
20	ノルウェー	2,770,404
21	南アフリカ	2,756,575
22	ペルー	2,191,670
23	マーシャル諸島	1,990,711
24	フィリピン	1,890,780
25	マダガスカル	1,812,300

Wikipediaより

☑ 経済指標GDP

経済活動の大小にGNPが使われてきたが、対外投資で海外の生産活動の収入が入っていて、本来の国内生産高ではないのでGDPが用いられるようになった。日本は対外債権国なので、海外へ支払う金利・配当よりも、受け取る方が多くGNPの方が大きく、実質GDPは近年500兆円程で推移している。こうした指標は欠陥もあり、家庭内の生産など、実際に生産される財・サービスのすべてを集計できないし、災害による需要などでGDPの大きいことが、必ずしも良いことではないとも指摘されている。

表9　GDPランキング

2017

Pos	国名	Mil US $
1	アメリカ	19,485,400
2	中国	12,014,610
3	日本	4,873,202
4	ドイツ	3,700,613
5	イギリス	2,628,410
6	インド	2,602,309
7	フランス	2,587,682
8	ブラジル	2,055,143
9	イタリア	1,938,679
10	カナダ	1,653,043
11	ロシア	1,577,525
12	韓国	1,540,458
13	オーストラリア	1,379,548
14	スペイン	1,313,951
15	メキシコ	1,151,045
16	インドネシア	1,015,411
17	トルコ	851,521
18	オランダ	832,239
19	サウジアラビア	686,738
20	スイス	678,967
21	アルゼンチン	637,557
22	台湾	572,594
23	スウェーデン	535,615
24	ポーランド	524,833
25	ベルギー	493,669

IMF 2018より

ＧＤＰの比較には、名目為替レートでドル換算する場合と、購買力平価で換算する場合とがある。後者は購買力の比率を調整している。表９はＩＭＦによる２０１６年の購買力ＧＤＰ順位。中国は２００２年に日本を抜き、２０１８年には米国も抜き、１位になると予測されている。中国もインドも人口が日本の10倍以上あり、ＧＤＰ総額で日本を上回ることは当然で、１人当たりＧＤＰで比較した方が、実際の経済状況により近い。２０１６年の１人当たりＧＤＰランキングは表10で、日本は25位である。

表10　１人当たりGDPランキング

2017

Pos	国名	US $
1	ルクセンブルグ	105,863
2	スイス	80,637
3	マカオ	77,111
4	ノルウェー	75,389
5	アイスランド	70,248
6	アイルランド	68,711
7	カタール	61,025
8	アメリカ	59,792
9	シンガポール	57,713
10	デンマーク	56,631
11	オーストラリア	55,693
12	スウェーデン	52,925
13	オランダ	48,555
14	サンマリノ	47,595
15	オーストリア	47,347
16	香港	46,080
17	フィンランド	45,927
18	カナダ	45,095
19	ドイツ	44,769
20	ベルギー	43,488
21	ニュージーランド	41,572
22	イスラエル	40,273
23	フランス	39,933
24	イギリス	39,800
25	日本	38,449

IMF 2018より

☑包括的富ＩＷＩ

ＧＤＰで見た日本経済の地位が低下してきているが、英紙『エコノミスト』に２０１２年に「ストックで判断すると、日本は世界一豊か」とする記事が掲載され、話題となった。ＧＤＰのようなフロー（流動性）の指標に対し、国連が発表した「包括的富」というストック（資産）の指標で見ると、日本は総額で米国に次いで2位、１人当たりでは世界一となっている。即ち、日本国民は、毎月入ってくる収入は、それほど多くはないけれど、財産はいっぱい持っているということになる。

包括的富の指標（Inclusive Wealth Index：ＩＷＩ）は、国連環境計画（ＵＮＥＰ）及び国連大学地球環境変化の人間・社会的側面に関する国際研究計画（UNU-IHDP）による指標で、生産資本、人的資本、自然資本から、各国の富を評価している。日本は自然資本を減らしておらず、森林増加等が貢献しているが、自然資本の大部分を輸入に頼っていて、世界

表11　１人当たり包括的富

（上位５カ国）

US$	日本	米国	カナダ	ノルウェー	豪州	(参考)中国
包括的富(2008年)	435,466	386,351	331,919	327,621	283,810	15,027
伸び率(年率)(1990～2008年)	0.8%	0.7%	0.4%	0.6%	0.1%	2.1%
生産資本	118,193	73,243	56,520	90,274	66,970	4,637
人的資本	312,394	291,397	171,960	201,361	132,376	6,571
自然資本	4,879	21,711	103,439	35,986	84,463	3,819

全体で見れば自然資本の減耗をしているとの指摘もある。

日本は自然資本に乏しいが、人的資本や生産資本は豊富で、1人当たりIWIでは1位で、米国を上回る。1人当たり人的資本は、15歳以上の人口に求められる人的資本総額を、総人口で除して求めるため、少子化が進んでいる日本では、米国を上回ったと考えられる。日本はピーク時の65％程度の投資で、米国と比べると半分程度まで落ち込み、伸び率は低い。大学進学率を上げるなど教育水準の向上に取り組み、所得水準を上げ、人的資本の価値を高めないと、強さが維持できなくなる。

「包括的な富」は「資源の乏しい日本は、高い教育水準と労働力、旺盛な設備投資で成長を実現させた世界有数の豊かな国」という日本人の持つ、強みを客観的な指標で示したもので意義深い。だが、この長所を将来も維持できるかは疑問があり、どこを評価するかの数値化の難しさがある。

☑世界競争力

経済的な競争力を色々な面で測定した『世界競争力ランキング』が二つの組織から発表されている。一つはダボス会議で有名なWEF（世界経済フォーラム）の報告、「Global Competitiveness Report（世界競争力レポート）」で、その2018年版でのランキングを表12に示す。

表12　WEF競争力ランキング

2018

Pos	国名	点数
1	アメリカ	85.6
2	シンガポール	83.5
3	ドイツ	82.8
4	スイス	82.6
5	日本	82.5
6	オランダ	82.4
7	香港	82.3
8	英国	82.0
9	スウェーデン	81.7
10	デンマーク	80.6
11	フィンランド	80.3
12	カナダ	79.9
13	台湾	79.3
14	オーストラリア	78.9
15	韓国	78.8
16	ノルウェー	78.2
17	フランス	78.0
18	ニュージーランド	77.5
19	ルクセンブルク	76.6
20	イスラエル	76.6
21	ベルギー	76.6
22	オーストリア	76.3
23	アイルランド	75.7
24	アイスランド	75.5
25	マレーシア	75.4

WEF HPより

ＷＥＦ競争力報告は１９７９年から発表していて、調査対象は１４０カ国・地域。今回から労働市場の多様性や起業文化などを重視し、２０１８年版から評価方法を変えている。今回は12項目98種類の指標を基にした０～１００のスコアで評価。１００に近いほど競争力の先端にいると定義した。首位はアメリカで17年2位から10年ぶりに首位を奪還し、９位だった日本は5位に上昇している。

ＷＥＦは人工知能や、あらゆるモノがネットにつながるＩｏＴ技術などの「第４次産業革命」が各国の競争力を大きく左右していると分析する。だが、報告書は、どの国もアイデアを製品の商品化につなげる力が相対的に弱いという課題に「技術そのものは問題解決の特効薬にならない。技術を生かすために人材と制度に投資する必要がある」と指摘している。

もう一つ、スイスのIMD（国際経営開発研究所）、WCC（世界競争力センター）研究グループが、毎年発表している報告書があるが、WEFのランキングとの大きな違いはない。

☑GFP（軍事力）

軍事力に関しての指標は、あまり一般的には知られていない。非常に複雑な要素が入り組んでいるのと、秘密の部分も多く、評価が難しい。島国の日本と、大陸を背後に控えた中国とでは、安全保障の質も異なるが、米軍事力評価機関「Global Firepower」は、そうした点も踏まえて数値化している。

表13のPWRは軍事力で、指標は0に近い方が軍事力が大きい。前年と1位から6位までは変わらず、韓国は11位から大きく順位を上げ7位に入って、日本を抜いている。軍事力に関しては、この「Global Firepower」のランキング以外に、仏「クレディ・リオネ」のランキングがあり、「Global Firepower」とトップ3は変わらないが、日本は4位に入っている。

表13　軍事力ランキング

2018

Pos	国名	PWR
1	アメリカ	0.0818
2	ロシア	0.0841
3	中国	0.0852
4	インド	0.1417
5	フランス	0.1869
6	英国	0.1917
7	韓国	0.2001
8	日本	0.2017
9	トルコ	0.2216
10	ドイツ	0.2416
11	イタリア	0.2565
12	エジプト	0.2751
13	イラン	0.3131
14	ブラジル	0.3198
15	インドネシア	0.3266
16	イスラエル	0.3444
17	パキスタン	0.3689
18	北朝鮮	0.3876
19	スペイン	0.4079
20	ベトナム	0.4098
21	オーストラリア	0.4203
22	ポーランド	0.4276
23	アルジェリア	0.4296
24	台湾	0.4331
25	カナダ	0.4356

GFP 2018より

☑人間開発指数ＨＤＩ

今から25年前、国連の人間開発報告書が、シンプルながら、奥行きの深い人間開発の概念を提示した。人々を中心に置き、開発ニーズを捉え、生活を前面に据えた。ＧＮＰやＧＤＰに反映されない「人間的な生活の度合い」を測る指数が、人間開発指数（Human Development Index）で、国や地域が国民・市民にとって人間的な生活が得られているかの指標としている。経済成長だけでなく、人間および、人間の自由の拡大を取り入れ、保健、教育、所得という側面の平均達成度を測っている。

例えば、１人当たりのＧＮＰが同レベルの国でも、人間開発のレベルが異なると、その事実を浮き彫りにすることが出来る。バハマとニュージーランドのＧＮＰはほぼ同じだが、平均余命と就学予測年数には差があり、ニュージーランドのＨＤＩ値はバハマより高い。こうした違いに触発され、政府の政策の当否や優先順位について論じるきっかけにもなる。

グローバル化と技術革命、特にデジタル革命は仕事に大きな変革を起こしている。しかし、労働者保護と技能向上の機会には懸念がある。多国籍企業は生産の柔軟化とコスト管理のために、有期雇用や臨時雇用、下請け業者、プロジェクト単位の雇用、労働者の外部委託など、正

表14　HDIランキング

2018

Pos	国名	HDI
1	ノルウェー	0.953
2	スイス	0.944
3	オーストラリア	0.939
4	アイルランド	0.938
5	ドイツ	0.936
6	アイスランド	0.935
7	香港	0.933
7	スウェーデン	0.933
9	シンガポール	0.932
10	オランダ	0.931
11	デンマーク	0.929
12	カナダ	0.926
13	アメリカ	0.924
14	英国	0.922
15	フィンランド	0.920
16	ニュージーランド	0.917
17	ベルギー	0.916
17	リヒテンシュタイン	0.916
19	日本	0.909
20	オーストリア	0.908
21	ルクセンブルグ	0.904
22	イスラエル	0.903
22	韓国	0.903
24	フランス	0.901
25	スロベニア	0.896

Wikipediaより

規雇用以外の労働力に依存する傾向を強めている。安定した雇用を得る労働者がいる一方で、より不安定な仕事に（同じ国あるいは業種の中であっても）就く労働者もいる。これは一種の**『労働の二元化』**である。

かつて日本で**『産業の二重構造』**と言われ、四畳半で夜なべの下加工作業と、企業の工場での加工作業とでは、同じような仕事であったが、賃金には大きな差があった構図がグローバルに再来している。

人間開発にとって重要な家事労働はしばしば見過ごされる。無償であるため国内総生産（GDP）などの経済指標に反映されないが、家事労働を価値付けることによって、家庭と社会における女性の貢献に光を当て、物質的な境遇と福祉に関心が向けられるようになる。各国における無償の家事労働の価値を見積もった試算からは、GDPの20～60%という推計値が出ている。

2 幸福の指標

☑ブータンでの試みGNH

幸福度を測定する試みでは、ブータンのGNH（Gross National Happiness　国民総幸福量）

がある。１９７２年、ワンチュク国王（現国王の父）の提唱で、国民全体の幸福を目指すとする考えから生まれた。

ブータン国立研究所は、「経済成長率が高い国や医療が高度な国、消費や所得が多い国の人々は本当に幸せだろうか。先進国で、なぜうつ病が多いのか。地球環境を破壊しながら成長して、豊かな社会が得られるのか。他者とのつながり、自由な時間は人間が安心して暮らすのに欠かせない要素で、ＧＤＰの幻想に気づく時が来ている」と経済至上主義に疑問を呈している。

２０１３年ごろは若年層失業が問題で、ブータンでＧＮＨの概念が必ずしも国民の支持を得てはいない。ＧＮＨはマーケティングで、少ないＧＤＰをＧＮＨで隠し、ブータンを理想郷とし、世界の観光客を呼ぶためとの批判もある。ＧＮＨは幸福を主観的な判定に委ね、政府が国益に沿うように定義できるともいわれて、測定項目を各国が選択できるので、国際的な比較はこのモデルでは難しい。

これに対し、同研究所はＧＮＨはブータンの国民の目標で、達成を目指しているもので、達成したとは言っていない。２０１１年の国王ご夫妻の来日で「国民の97％が幸福な国」とのイメージがあるが、調査の設問には三択しかなく、非常に幸福と幸福を足すと96・８％となる。こうした調査で三択の場合、中央に回答が集中する。ただ、批判するのは簡単で、幸福という個人的な感覚を数値化するのは簡単ではない。

☑世界幸福日ーDHとWHR

2012年6月、国連は毎年3月20日を「国際幸福デー（International Day of Happiness）」とすることを採択。物質的な経済成長ではなく、持続可能な発展、貧困撲滅、幸福の追求には、より公平でバランスの取れた成長が必要で、国民総幸福量（GNH）を国民総生産（GNP）よりも重視するブータンの提唱により実現された。また、幸福と言う抽象的な概念を数値化する試みが他にもいくつかある。

その一つに、国連の関連機関が発行する、2018年で6回目になるWHR「世界幸福度報告（World Happiness Report）」がある。世界で最も幸せな国はフィンランドで、ノルウェー、デンマーク、アイスランド、スイスと続いて、5位までの順位は前年と入れ替わっているが、その差はわずかで順位の上下に意味はない。日本は調査対象155カ国のうち、いつも上から3分の1程度のところにある。

報告書では、国民1人当たりの国内総生産（GDP）、健康寿命、社会支援（困ったときに頼れる存在）、信用性（政治やビジネスに汚職のなさ）、人生における選択の自由、寛容性の6要素での測定を試みている。これらの要素で、各地域間の違いの約4分の3は説明できるが、

表15　世界幸福度

2018

Pos	国名	Index
1	フィンランド	7.632
2	ノルウェー	7.594
3	デンマーク	7.555
4	アイスランド	7.495
5	スイス	7.487
6	オランダ	7.411
7	カナダ	7.328
8	ニュージーランド	7.324
9	スウェーデン	7.314
10	オーストラリア	7.272
11	イスラエル	7.190
12	オーストリア	7.139
13	コスタリカ	7.072
14	アイルランド	6.977
15	ドイツ	6.965
16	ベルギー	6.927
17	ルクセンブルク	6.910
18	アメリカ	6.886
19	イギリス	6.814
20	アラブ首長国連邦	6.774
21	チェコ	6.711
22	マルタ	6.627
23	フランス	6.489
24	メキシコ	6.488
25	チリ	6.476
54	日本	5.915

国連WHRより

経済が主流の今の世界では、経済的な指標も各国別幸福度に影響を及ぼしていて、経済を無視しての幸福も成り立たない、としている。

残念ながらこの活動は日本で全く知られておらず、国連日本支部は、イベントやソーシャルメディア等で発信をしながら、国民一人ひとりが「幸せ」を考え、日本をハッピーにするムーブメントをおこしたいとしている。日本は物質的には豊かな国と言われている一方で、高い貧困率、自殺率の増加、人間関係の希薄化などから、幸福度ランキングでは、先進国ではかなり低い状況にある。

☑その他の幸福度測定の試み

幸福とか幸せと言った抽象的な概念は数値化して良否、或いは高低を測定することになじまないかもしれない。何に重点を置いて数値化するかによって、ランキングが上下し、順位の妥当性が議論されることも多い。多くの組織や機関がそうした指標を発表していて、国の平和の度合、落ち着きの度合、安定度なども数値化される試みがある。

地球幸福度指数（HPI＝The Happy Planet Index）は、英NEF（ニュー・エコノミクス財団）が2006年から公表している国民の満足度や環境負荷などから「国の幸福度」を計る指標。GDPやHDIが、人生の幸福度を測るものでなく、経済的な側面が強く、人間生活の豊かさを表していないことから、環境における持続可能性を組み込んだ新たな指標である。2016年度の統計では、コスタリカ、メキシコ、コロンビアの中米3カ国がトップにランクイン、日本は140カ国中58位だった。

世界平和度指数（GPI＝Global Peace Index）は、英紙『エコノミスト』が24項目を分析、各国がどのくらい平和であるか数値化を試み、2007年から提供。平和度ランキングとしては初の試みで、2018年6月の163カ国の調査対象国では、日本は9位にランクインしている。内戦を含む暴力、犯罪、潜在的テロ、暴動可能性、治安、警察など内的状況と戦争、軍事力など外的状況から数値化している。

新国民生活指標（PLI＝People's Life Indicators）は経済企画庁が1992年から発表。豊かさ指標ともよばれ、生活水準・豊かさを総合的に把握する生活統計体系。持ち家比率や実質賃金、高校進学率、平均余命など152の項目を、「住む」「費やす」「働く」など八つの活動領域に整理して指標化する。これらは地域別、また時系列でまとめ、経企庁が内閣府に改組された1999年まで発表していた。

日本のお役所が作っていた指標で、国際的な比較には利用されず、都道府県別のランキングが公表されたが、低位になった地域から、重みづけなどがおかしいと批判が相次ぎ、内閣府への改組とともに、公表されなくなった。元々何のためなのか分からない指標化だったかもしれない。

第7章

正解《こたえ》にならないこたえ

格差の『問題』が社会に大きな影響を及ぼしている。これらに『正解《こたえ》』はないが、このまま放っておいて良いことでもない。社会の仕組みが、富が誰もに遍く公正に行き渡るようになっていないので、格差を生み、ひいては貧困を、更に犯罪を、また極端な場合は戦争をも生み出している。

色々な仕組みや規則をつくって、格差を少なくする方法が考えられ、異なる仕組みの長所を取り入れる試行錯誤が繰り返されてきたが、困ったことに、誰にとっても良い社会の仕組みは存在しないところに『問題』の『正解《こたえ》』が見つからない『問題』がある。それでも、社会の改善提案が色々とあるので、少しでも良い社会に近づけるよう、いくつかを紹介したい。

先ずは**福祉政策**の強化、或いは現在の制度の完全な実施がある。日本で福祉が充実しているかといえば、北欧ほどではない。法律などの福祉政策は、北欧のそれと大差はないと言うが、元々こうした福祉政策は北欧などから学んだので、似たような法律にはなっている。ところが、日本では生活保護などが必ずしもうまく機能しておらず、福祉が行き渡らない現実が指摘されている。

次に、**共産主義**への転換も考えられる。だが、それには強いアレルギーがあって、拒否反応を示す人も多い。マルキシズムともいわれる共産主義は、ドイツのマルクスとエンゲルスによって提唱され、財産の私有を認めず、すべてを共有することで、誰もが平等な理想社会をつくろうという思想である。格差を是正出来ない現在社会では、検討に値するかもしれない。

最後に、**ベーシックインカム**について考えたい。特に欧州では、この制度の導入が検討されたり、実験もされている。どんな制度なのか、その導入の利害は何か、この制度の導入が現実的であるのかなども併せて考えてみたい。これまで見てきたように、生産性が向上し、必需品でも消費財でも、欠乏することがなくなった世の中では、こうした突飛な考えも検討に値するだろう。

1 福祉の充実

先進国ではおしなべて福祉が充実しているが、アメリカで充実しているとは言えない。政治もいま、混沌としていて、格差が大きい。億万長者にランクイン出来たのは、世界で2043人（2017年）しかいないが、その数は2日に1人の割合で増えている。資産家上位には多くのアメリカ人がいて、ビル・ゲイツに代表される一代で築いた資産家もいる。また、努力もせずに資産を受け継いで、楽している人もいるが、医者にもかかれないホームレスも多い。

大金持ちになる可能性もあるが、落ちこぼれる可能性もある。前者の可能性は非常に低く、逆に後者は非常に高い。落ちこぼれは数限りなくいるが、それでも自由を信奉する人達は、福祉や相互扶助に頼らず、自己責任で全てを処理する伝統のように見える。警察がありながら、銃をもって自己防衛している人も多く、銃を持つ自由とそれによる自己防衛の概念を基盤としている。

一方で福祉が充実している国では、政治への満足度が高く、格差は小さく、国民の幸福感も高い。公的出費と貧困救済とのバランスを取り、高福祉を実現している国には、北欧諸国やドイツなどがある。福祉を充実させた制度を**社会主義**と言うが、欧州の例を福祉国家として名高いデンマークとドイツの例を中心に見てみよう。

デンマークでは消費税率は25％、国民負担率は70％と、日本の40％に比べ高負担である。一方、医療費、出産費や教育費も無料、高齢者支援など社会福祉が充実している。医療システムは二段構えで、「診療所」と「病院」がある。緊急の場合以外は診療所に行くが、最低限の治療しかしないし、薬も簡単に貰えない。診療所の手に負えない場合や、詳細検査や手術が必要になれば病院に引き継ぐ。軽症の患者は病院に来ないので、病院では患者を迅速かつ効率よく診療できる。

軽い病状には金も時間もかけないので、医療費や薬品の無駄がなくなる。命に関わる重症には、最善の治療をして、コストは国が全てを負担する。日本では薬を多く出したり、必要のない手術をしたりすれば、製薬会社や医者が儲かるシステムになっていて、医療費を抑える政策には、患者や病人を粗末に扱う、或いは見殺しにするといって、保険からでも、足りなければ、政府からでも、金が出てくる制度となっている。これは患者、国民の側にも『問題』がある。

☑社会主義

こどもへの制度も注目に値する。出産前後の検診も含め出産費用は国が１００％負担する。出産前後の有給休暇は、母親に30週間、父親にも２週間与えられる。保育園に加え、「保育ママ」や「子守り」制度があり、保育園には所得に応じた減額があって、「子守り」にも助成金が支給される。

デンマークでは、こども手当は、３歳未満に年間約32万円、３～６歳児に年間約26万円、以降17歳まで20万円ほどが支給される。学生は25歳まで支給対象で、幼稚園から大学まで教育費は無料。大学在学中は毎月９万円ほどが国から支給される（ドイツでは第一、二子に約30万円、第三子に約32万円、第四子以上には約36万円ほどが、18歳まで無条件に支給される）。

高齢者の年金は基本の国民年金と、付加年金と早期退職年金があり、家族構成や収入に応じ調整される。在宅介護サービスは、各家庭にスタッフを送り、トイレや着替え、食事などを手伝い、緊急事態には、いつでも駆けつける。介護支援はすべて行政組織が行い、民間の介護は禁止されている。

こうした高福祉制度を持つ国は、社会主義国家とよばれる。資本主義の弱肉強食的な側面を修正し、誰もが最低限の生活が出来る制度と言える。高福祉社会には財政の裏付けが必要で、非常に高い税率が財源で、人々に「共生」の意識が根づいていることが、前提になる。日本では「あの人がもらえて、私はもらえない」など「ねたみ」を基にした『不寛容』が社会の根底にある。福祉の条件や基準の設定を厳密に審査すれば、コストもかかり、福祉の本来の意図が実現されなくなることもある。

☑母体利用料

日本で少子化が大きな『問題』だが、こんな問題は簡単に解決できるといっても信じてもらえない。

しかし、次のような意見もある。国を将来にわたって安定して永続的に持続可能にしていくために、絶対にしなくてはならないことは、子孫をつくること。そしてその子孫を健康に育てられる環境を提供することが、最重点課題である。しかし、それをしている人達に、その活動に対する対価をほとんど払っておらず、むしろいじめとも、虐待とも取れることを国家がしている。

そうした活動をしている人達とは、もちろん母親と、その母親が生んだこども達に他ならない。国の将来を担う人材を生み、育てているのに、何の対価もないどころか、場合によっては保育園や幼稚園が足りないなど、そうした施設を充実させずに、母親に（時には父親にも）負担を押し付けている。これは組織的嫌がらせであるし、国家的犯罪に他ならない。

こどもを生んで育てることを自主的に、しかも自己負担でしてくれている母親たちには、即刻すべての余分な負担から解放してあげる必要がある。それでなくとも、母体には大きな負担がかかる。

まず、妊娠が分かった時点で、母体を利用させていただく費用の負担、母体利用料を支払う。人間の体の中に内包する他の生物、新たな命がいついてしまうのだから、大変な負担であるし、その上母体はその生物、即ち胎児に養分を供給し育んでいるのである。胎児に母体から養分が取られ、つわりなど気分が悪くなることもある。カルシウムも取られて、母体の骨が弱くなってしまったりする。

こうした危険を伴う大変な活動には母体利用料として月10万ほどを、妊娠した時点にさかのぼり、十月十日の間にわたって支払う。もちろん、その間の健康状況の管理にかかるコストや、分娩には大きな危険を伴うので、それらのコストも含め、出産費用など、すべて国家負担とし、予後の健康管理も含めて、国が面倒を見る必要がある。

こどもが生まれたら、養育している母親には保育料に、月10万ほどを支給する。それはこどもが成人するまで続け、義務教育の給食は無償、スポーツ用の衣類や靴も含め無償貸与し、教育に関してコストがかからないようにする。義務教育以降の高等教育を受けたい人には、高校、大学での教育が受けられるようにするのも当然である。月10万という極端な額にしているが、北欧などのこども手当と同等でも良いし、状況に応じて子育てが大きな負担にならないように設定すればよい。

2 共産主義社会

次に、共産主義へ転換してはどうだろうかという考えがある。共産主義はうまく機能せず、成功しなかったと言われているが、コンピュータやAI、ロボットなどを利用した社会では、再考する価値があるかもしれない。まず、『共産主義』とは何かといった一般的な理解を確認しておきたい。

『共産主義』は、誰もが平等で、全てのモノが公共に属するとする考えで、財産の私有を認めず、共有することで平等な理想社会をつくろうとする思想。カール・マルクスとフリードリヒ・エンゲルスによって展開された社会主義思想体系の一つで、マルクス主義＝マルキシズムともいわれている。

奇しくも、**2018年はマルクス生誕200年であった**。

☑社会主義との違い

「社会主義」と「共産主義」は、同一視される場合と使い分けられる場合がある。共産主義を理解するのに、その思想や歴史を紐解くと、難解なブルジョワジーとかプロレタリアートなどの言葉が出てくる。ここでひるんでしまう人も多いが、前者は資本家、投資家、後者は労働者のことで、端的に言えば、前者を支配層、金持ちのこと、後者は労働者、貧乏人と捉えても大きな間違いではない。

共産主義は資産の私有を認めず、すべてを共有或いは国家が所有するとしている。経済活動を市場原理に任せず、計画を立て、それに沿って生産し、成果を国民に配分する**計画経済**を柱とする。国民全てが平等で、充実した生活が出来る社会体制をめざしている。

計画経済は、政府が農場も工場も所有し、計画に従って生産する体制で、生産されたモノはすべて、国民に配分される。しかし、需要と供給のバランスが乖離する場合が多く、無駄が多いとの批判がある。かつて、その思想を実現したいと発足した、『ソヴィエト連邦』という国が存在したが、計画の修正や需給の調整がうまく行かず、その主義、思想を完全に実現したとは考えられていない。

平等や公正の概念は大変難しく、肉体労働でも頭脳労働でも、労働時間当たりは均一の給与にするのか、それとも仕事の重要度を取り入れるのか、成果をはかるのかなど、何をもって公平にするのかが難しい。工場で時間当たりパンを10個作る人や、20個作れる人と、5個しか作れない人も出てくる。こうした場合、時間当たりの給与にするのか、生産した数量即ち、出来高にするのか、更に生産したモノの品質まで考えると、公平に取り扱うことの困難さがある。

色々な国や地域で試みられた共産主義体制は、何故成功しなかったのかも色々な議論があり簡単にこたえは出ない。共産主義では、管理者、即ち政府はいらないことになる。実際、無政府主義ともいわれ、管理者がいらないということは、計画が無秩序に実行されるということになる。しかし、そうしたことは不可能で、農作業でも工場での生産活動でも、誰が何をするかと段取りを決め、それに沿って実行しなければ、目論んだ成果、収穫は得られない。

共産主義は成功しなかったという評価が一般的認識だが、成功しなかったというのも、正しくないかもしれない。資本主義との比較で、経済的な成果としては、少なかったのは事実だろう。だが、それは生産効率が低く、発展のスピードが遅かったというだけで、労働者は楽で、幸せだったかもしれない。事実、かつての東ドイツの工場では、働きやすかったという声も大きい。

❸ベーシックインカム

最後に、ＢＩ（ベーシックインカム＝基礎所得）の導入が考えられる。ＢＩは国民全員に最低限の生活が可能な現金を給付する構想で、国民の「誰もが無条件に一律」受給できる体制。基準に満たない部分を補填する社会保障制度とは異なり、また計画経済と財産の個人所有を認めないのが基本の共産主義とも異なる。生産性が向上し、必需品でも種々の消費財、日用品でも、欠乏することがなくなった世の中で、格差是正には有効と思われ、検討に値する。

欧州で導入の検討がされたり、実験もされているＢＩでは、公務員の審査や裁量がなくなり、支給にかかる役所などの公的コストが、少なくなる。いずれにしても、役所の仕事はやがて大幅に削減され、ＡＩに置き換えられるが、それまでは恣意的な裁量や、間違いは避けられない。

そのＢＩだが、好きなことをして働かずにブラブラするも良し、ボランティアをして社会に貢献するも良しとしている。仕事をしている、いないにかかわらず、或いは他の収入の有無にかかわらず、一律に一定額を受け取れ、その使途に制限はない。そのためＢＩは福祉制度の切り札とも、カネのバラマキともいわれ、賛否が分かれる。

☑海外での実験

フィンランドで２０１７年1月から、選ばれた２０００人に月額５６０ユーロ（約7万円）の支給を実施。失業手当等の現行の公的手当に代わるもので、支給額は国民年金の最低支給月額と同一で、２０１８年末まで実験が行われる。「制度が、貧困層の減少につながるか」「煩雑な事務手続きをなくすことができるか」「社会的に疎外された人々を救済できるのか」――などを検証する。

２０１７年末、東京でスウェーデン、ノルウェー、アイスランド、フィンランド、デンマークの北欧5カ国各国大使が、移民や男女平等、少子高齢化、教育、雇用などの問題に対する最新の自国政策を紹介した。その中で、国家レベルとしては世界初となる、フィンランドの「ベーシックインカム」の実験が注目を集めた。フィンランド大使によると、今回の実験では当初予定の無作為抽出ではなく、25歳から58歳の失業者２０００人をランダムに選び、毎月定額を支給している。

大使はその狙いを「ベーシックインカムの導入は、社会保障制度の改革、また雇用を促進するために検討されている。フィンランドの社会保障制度は、国が独立した5年後の1922年から、少しずつ整備されたが、長い年月を経て、複雑かつ非効率化、官僚的になってしまった。しかし、日本と同様、高齢化が進み、社会福祉にかかるコストを抑制することも難しくなった」と語っている。

「社会保障制度を簡素化すると同時に、国民の生活の権利は損なわないように、また、失業者に求人がきて就労すれば可処分所得が下がるので、就労しない『インセンティブの罠』もなくそうとしている。今回のBIの実験の主たる目的は就業促進で、長い間、失業が構造的、慢性的な問題となっていた。失業すると社会から疎外され、孤立感を深め、その結果、社会保障費が増大しかねない」

「もう一つの狙いは、BIは非正規や有期雇用、パートタイムが昔に比べて増えている労働市場の変化に合わせ、フリーランスやアーティストといった自由業、起業家にも向いた制度だと思う。正規雇用でなくても、働く意欲を持たせるのではないかと期待している。国レベルの実験はフィンランドが初めてで、各国から関心が寄せられている。結果は実験が終了後、公表することになっている」実験で有益性が認められた場合は、就労している人たちも含めた追加実験が行われる可能性も示唆した。

これには多くの期待が寄せられたが、2019年以降は継続されないことが決まり、これをもって実験失敗との報道が多くされた。この実験にBI擁護派の多くは、無条件で支給すべきだったたと主張している。だが、こうした実験は実は非常に困難である。実験は期限が限られ、終了した場合そのまま制度が導入されない可能性もあったので、被験者は制度が導入されないリスクを回避する方向に行動したと思われる。

この実験は、BIの修正版と言えるが、どんな制度も誰にとっても完璧なものはないので、支給額にしても、タイミングにしても、環境や要請に合わせて調整する必要はあるだろう。実験結果の分析など詳細が報告されていないが、実験当初より、趣旨に関しての批判もあって、継続実験をしないことだけが決定されている。それを捉えて、実験が失敗したと報道もされていたが、分析結果などはまだ公表されていない。

BIの実験は2017年7月からカナダのオンタリオ州でもされていたが、翌年新政権が発足、州首相が選挙中から公約していた実験の中止を決めている。BIの実験は大変難しい側面があって、一定額を毎月受け取れるという制度であるが、実験が終了したり、中止されれば、将来も受け取れる保証がないので、被験者はそれに備えての準備をしなければならない。即ち、実際に導入された状況と実験での条件が同じにはならないことが大きな困難となっている。

カナダの実験では、多額の費用がかかることを中止の理由とされたが、当初計画では3年間支給が継続される予定だったため、受給者にとっては衝撃のようだ。現在の地球の経済規模は、既に投資や経済発展の余地がない、ねずみ講あるいはポンジスキームの状況になっている。市場への投資が増えないことを認識しないと、今までの資本主義が基本の社会が持続できない。

☑国民投票での是非

フィンランドでの実験の前に、ＢＩを実施しようとした国がある。２０１６年にスイスで国民投票が行われた。案件のうち一つはＢＩに関してで、最も注目を集めていた。直接民主制のスイスでは、10万人の署名を集めれば、法律改正を国民投票にかける発議をすることができる。「国民が尊厳のある生活を送れるよう、ＢＩを導入し、支給額については立法機関が決定する」という発議だった。

給料や財産に関係なく、無条件に国民全員に支給することで、全ての人が尊厳のある生活を送り、社会的活動に参加でき、特にボランティアへの参加や、こどもや高齢者・障害者のいる家庭では、介護に今までより多くの時間をさけ、人間らしい生活ができると主張。さらに、他の資格を取得したり、会社を起こしたり、本当にやりたいと思う仕事に就くことができるとも付け加えた。

提案には支給額も財源も示されていなかったが、可決されれば立法機関である連邦議会が検討するとしていた。ガイドラインでは、成人に毎月２５００スイスフラン（約28万円）、未成年者に６２５スイスフラン（同７万円）を支給する提示をしていた。しかし、この案は約４分の1弱の賛成しか得られず、廃案になっている。それでも、この提案が国民投票にまでかけられ、国民に知らしめた効果は大きい。

残念な結果に終わったが、提案者はポジティブにとらえている。「賛成は15％程度と思っていたが、より多く驚いている。ＢＩ構想と現代的な民主制は類似している」として、投票結果は成功をおさめたと分析。今後もＢＩに関するテーマを発信していきたいとしている。

カナダのオンタリオでの実験は政権交代で打ち切られ、マニトバ州ドーフィンで１９７４年から行われていた「Mincome」という実験も政権交代により中止されている。それでも５年間の実験で、労働意欲は減退せず労働時間は減り、貧困が減ったという効果がみられていた。

☑その利害得失

国民全員に無条件で現金を給付するのは、共産主義のイメージがあり、批判もある。だが、ＢＩは資本主義経済のもとでの導入が前提で、ＡＩの導入や自動化で失業者が増え、格差は拡大し、雇用に基づいた経済は、やがて立ち行かなくなるとの指摘もある。労働による対価を得ての生活という、これまでの社会制度を大きく転換するので、その影響は多方面にわたる。

メリットには、支給される額で生活すれば、働く必要はなく、餓死する人はいなくなる。働いて他に収入が得られれば、贅沢をすることも出来る。働く時間が減り、自由な時間が増え、充実した人生を送れるようになる。勉強やボランティアなどに時間を使うこともでき、意欲のある人にはチャンスも増え、経済はむしろ発展する可能性がある。

今の日本は将来への不安もあり、結婚できない人が増えている。結婚してもこどもを産まない世帯もある。子育てにかかる養育費や教育費負担が大きく、それが少子化に拍車をかけている。ＢＩはこどもにも支給されるので、母体使用料をもらわなくとも、こどもは負担にならない。少子化対策には大きな貢献をするし、社会保障が不要になり、行政コストの削減になる。

デメリットとして、まず財源の問題がある。日本で月８万円を支給すれば、毎月約10兆円、年間１２０兆円が必要になる。日本の予算は約１００兆円ほどだが、社会保障をなくしても、30兆円ほどでしかないし、増税するか国債を追加発行しないと、財源を確保出来ない。赤字国債が国家予算に占める割合が大きく、大型の予算を組むと大きな負債を背負い込むことになる。

また、ＢＩはその使途が限定されないので、浪費する人が出てくるかもしれない。時間も余り支給額だけでは不満で、ギャンブルに手を出す人や、一獲千金を求めて、投機する人もいるだろう。たび重なれば、借金の山を抱えかねない。時間をもて余した人を狙った犯罪も起きかねない。

収入があって時間をもて余すと、どんな側面が出てくるかも、検討しておく必要がある。衣食住に日用品、テレビ、スマホなど消費財、自動車でも持てる、旅行もできる。その負の側面の対応を考慮しておく必要がある。また、導入後に不具合があれば、修正もどんどん必要になる。

4 AIが進めるBI

世界の貿易は2005年の13兆ドルから10年後に24兆ドルへと、ほぼ倍増した。携帯電話の契約は2015年末に70億件を突破、ネット利用者も30億人を超えた。米国で人口の半数が電話を持つのに50年以上かかり、スマホでは10年かからなかった。今後、スマホのように便利で、誰もが欲しがる商品が出てくるかは疑問だが、仮にそうしたモノが出てきても、10年もせずに普及する。

究極の社会は、誰も働かなくて良くなるが、働いても構わない。どんな社会制度になっても、誰もが生活の基本的に必要なものは、必要なだけ生産されるようになる。だが、一方で投資家がほとんどの資産を所有し、残りの多くは収入も資産もなくなる。そうなると衣食住をはじめ、ふんだんに供給されるモノを買える人がいなくなって、何のために生産性の向上を進めたのか分からなくなる。

結局、作り出した富は国民全員に最低限以上のものを配分出来るシステムが必要で、それがBIでも共産主義でも、福祉政策でも国民全員に行き渡るようにせざるを得ない。

これが、良いことだと言っているのではない。しかし、人工知能とロボットが結びつくと生産性が極まり、ほとんどの人間の労働が不要になる。そうなるまでにはまだ時間がかかるが、そうした状況になることは明らかで、そうなったらどうするかを考えておかなければならない。どんな仕事が、いつ、人間よりもAIにしてもらう方が良いのかの時間軸を検証し、人間がAIに代わる時期と社会制度の対応を考えた、ソフトランディングするスケジュールづくりが必要になる。

動物園の檻に入れられた動物は、食うのに困らないが、将来も困らないという理解がないので、本能でせっせと動いている。人間は食うのに困らなくなったら、何をするだろうか？　スポーツでもカラオケでも好きなことをして、人に迷惑をかけないならば構わないが、そうならないかもしれない。

誰も働かなくて食うのに困らなくなると、世の中は良くなるのだろうか？　何か面白いことをしようと考えるかもしれないし、勝手気ままに振る舞う人が出てくるかもしれない。それが他人を傷つけたり、犯罪や、破壊活動に結びつくかもしれない。人間を退屈にさせないような何かを、与えておかないといけなくなるかもしれない。それがコンピュータゲームだけでないことを望みたい。

あとがき――日本の行く末

筆者は海外生活が40年を超え、現在ドイツに住んでいる。高度成長時代も海外で電子機器を開発していた。戦争のさなかに生まれたので、戦争に責任は無い。が、日本が犯した大きな間違いについては直視しなければならないと思っている。第二次世界大戦での大きな間違いは、戦争に負けたことではなく、戦争を始めたことにある。

半導体はこれまで多くの製品に使われているが、それを直接見かけることはほとんどない。チップと言われる外観は小片にすぎないが、その集積数は増えに増え、億単位の素子が詰め込まれ、何と40億を超えるものもある。かつてスパコンといわれた性能のコンピュータが、スマホなどに利用され、ユーザーはその利便性を享受している一方で、依存症などの問題も出てきている。

本書をしたためるキッカケは、先人が残してくれた富が普遍的に行き渡っていないのではないかという疑問、先人から引き継いだ負の遺産に輪をかけて、我々はもっと多くの負の遺産を子孫に残してしまうのではないかという疑問、これからも経済的な活動にだけ邁進していけば良いのかという疑問からである。経済的な活動が今まで通りでも、日本で食料が不足しているわけでなく、飽食にもなって、住居も余っている。衣類に至っては、生産量よりも廃棄の方が多いという現象になっている。

それでもホームレスや衣住に困っている人もいるし、僅かだが餓死する人もいる。飽食と飢餓、多くの空家とホームレスとが同居している。このいびつさが未だに認識されないのか、それを修正する方向には向かっていないように見える。そうした動きが全くないわけでもないが、提案されている制度は、どれも長所を持ちながら短所も併せ持つ。しかし、どんな制度にも完璧なものはなく、修正したり、組み合わせたりして、長所を生かし、短所を少なくする妥協点があるはずだ。

文明は開化し多くのモノで満たされているが、それが人々の幸せには直結していないことも分かってきた。**文明はもうたくさん**なので、**もっと文化**をといった議論も出てきている。そうした社会にしていく必要があるし、仕事への考え方も変えてゆく必要がある。国力を色々な視点からとらえたランキングを見ても、視点が違えば、日本が1位にもなるし、50位にも入らない場合がある。包括的な富や幸福度となると、どんな測定をするのか、各々の測定項目の重みづけなどでも大きく左右される。

社会が経済の発展を必要としていたが、ある程度発展した段階では、錬金術師（経済学者とも言うが）の戯言は、更なる発展を追求するばかりで、国民の幸福度の向上とは一致しなくなっている。即ち生産性を追求して経済効率を上げることが、良いことでもなくなっている。経済発展だけを目指した資本主義社会が、大きな格差を生み出していることを修正しないと、社会が成り立たなくなっている。

産業革命が第四次を迎え、おそらく最後の産業革命だと思われるが、この革命が極まると、誰も働かなくて良くなる。どんな社会体制になっていても、衣食に限らず、生活必需品が十分な質と量が生産され、日用品も容易に入手出来る。住居にしろ、自動車にしても所有しなくても、すきな時にすきなだけ使えれば良いので、発展の兆しを見せているシェアリングエコノミーが普及する。

そうすると、とどのつまり人間は誰も働かなくても、衣食住や日用品は手に入り、移動も簡単になり、労働の概念が覆ることになる。日本では労働は善であり、崇高なこととらえられているが、欧米では労働という単語自体に良くない意味が込められている。英語のLabourレーバーにしろ、フランス語のTravailトラバーユにしても、強制労働の意味があり、Travailに至ってはラテン語の語源は拷問の道具だそうだ。拷問すなわち、苦痛を与えるから、苦役労働となる。

また、ドイツで使われる労働はアルバイトArbeitで日本語にもなっていて、現在ドイツに住んでいる筆者は、ドイツ語のArbeitがそれほど苦役や強制労働という感じでとらえられていないように思えるが、ゲルマン語の語源では、奴隷とか下男などの意味があるという。

既得権が日本の社会に暗い影を落としているのは、色々な面で見かけられる。エネルギー政策では、原発の既得権に囚われ、再生可能エネルギーの開発、利用に後れを取っている。日本は風力、太陽光、太陽熱、地熱、潮力、波力などエネルギーの源泉に囲まれているが、ドイツは寒冷地で太陽光など不利な条件にもかかわらず、原発の廃止を決め、既に再生可能エネルギーが原発を凌駕している。

原発が**コスト的に非常に高くつく**ことは、もはや既定の事実で、技術的に日本では出来ない増殖炉の完成は見送ったが、再処理は未だやる気でいる。既得権のしがらみから逃れられず、何十回も遅れた再処理開発を止められない。国民が被る被害は大きくなるばかりで、原発の3K『問題』、危険、コスト高、核廃棄処理も解決への道筋も見えていない。国民は貧乏になるばかりだ。

ベーシックインカム（BI）は、日本では未だ大きな議論になっていない。誰もが働かずに収入を得るという点で、否定的な意見も多く、**本気の議論ができないでいる**。人間が堕落するといった考えに共感を覚える人も多いが、ＡＩやロボットの進展で労働が置き換えられ、**収入を得るために働かなくとも生活に困らなくなる。**誰も働かなくて良くなると、それに対応した社会に変えてゆかないと、世の中が成り立たなくなる。時間を持て余した人たちに、どう過ごしてもらうかも、『問題』になる。

かつて衣食住でも十分な量と質が生産されておらず、必ずしも全人に行き渡らなかったが、今や衣食住のみならず、耐久消費財でも苦労せずに手に入れることが出来る。衣食住を得るためにどうするかを考える必要はなくなり、空気のように存在するようになった時、どんな社会にしておくのかを考えなければならないし、その時間はあまりない。何故なら間もなく、そうした社会に確実になるのだから。

日本は1億の人口を持ち、38万㎢の陸地面積があり、海洋まで入れた地理的権益は小さくない、まとまった大国で、国際社会ではそれなりの貢献や役割も期待される。まとまったというのは、中国やインドなどの大国は人口は多いが、言葉も一つでなく、民族も複数あり、地方の文化や歴史の背景も異なり、まとめるのに大変な労力や、時に暴力的な統治が必要になることもあるからである。小さな国の中にも複数の公用語がある国もあって、このため内政の問題の起きることがある。

こうした背景から、日本はＢＩの導入に最も適した国であるように思える。同時に導入には最も困難な国であるかもしれない。日本の社会にはびこる堅固な既得権の壁を破るのは容易ではないし、格差を是正しようとする動きには、大きな抵抗が予想される。また、ＢＩを導入してある程度の額を支給しても、住居費用負担の有無で可処分所得に大きな差が出る。借家している世帯と、借家を持つ世帯では、一方は賃貸料を払い、他方は受け取るので、賃貸料の倍の可処分所得の差になる。

この連鎖が続くことで、貧困から抜け出せない家庭もあり、格差が是正されない大きな原因になっている。この是正には、不動産の既得権益に踏み込まなければならず、大きな困難を伴う。個人財産の所有に関して、不動産をどう扱うかは大きな『問題』となる。

日本にはＧＤＰが５００兆円以上あるが、付加価値の配分がうまくいっていないので、格差が広がっている。富裕層は増えるのに、貧困線を下回る可処分所得しかない世帯も増えている。飽食の陰で、多くの食料それも未だ食べられるものが、大量に捨てられ、食料だけでなく、なんでも余っているが、行き渡らないところには、廃棄されるものも行かない。

ＡＩが人間の能力をすべて超えてしまう時点、**シンギュラリティは突然やってはこない**。人間より機械が優れているところは、もう置き換えられていて、それは絶え間なく進められている。ＡＩが人間の能力を超えるまでもなく、人間の仕事は確実に置き換えられ、自動運転技術の実現は、移動・輸送に限らず、その応用の影響ははかりしれない。流通は商品のコストの中で大きな割合を占めていて、輸送や配送の自動化が進むと、生産性の向上になるだけでなく、とどのつまり誰も働かなくて良くなる。

ＡＩの医療への応用は困難だと思われていたが、診察に関しては既にＡＩが多用され、手術支援のロボットも利用されて、人間が関与せずに手術も行われるようになる。介護分野では、入浴やベッドメークなど重労働にも、支援ロボットの導入が始まっている。やがて医療にも、介護にも多くの人手を必要としなくなる。町医者の機能は、ロボ医師やロボ看護師が各家庭に入り込んで受け持つかもしれない。それより前に、オンライン医師なら、いつでもどこでも診察が受けられるようになる。

医療理論や技術を学ぶのに、人間なら医学部で6年もかかるのを、ロボ医師なら、ほんの一瞬で済む。その上、ロボ医師に藪医者はいなくなるので、ヨボヨボな爺さん医者や、なりたての若僧医師よりも、安心して診察は任せられる。

医療よりも、最もＡＩを応用して欲しいのは政治の分野で、かつて、コンピュータ付きブルドーザーといわれた人がいた。田中角栄である。いまやほとんどのブルドーザーにはコンピュータがついているが、当時はそんなモノは存在すら想像できなかった。それほど高性能のコンピュータでなく、普通の政治家レベルのものに、きちんとしたソフトに、忖度などのソフトを組み込まなければ、行政機関が立法府に対して気をつかって国有地を叩き売るなどの、歪んだ決裁は通らなくなる。

もっとも、政治のAI化の前に、行政府をAI化すれば、更に『問題』は少なくなる。しかし、ここに大きな『問題』が横たわる。即ち、それには、「誰が、猫の首に鈴をつけるか？」という『問題』が出てくる。日本の行政は、日本中から選りすぐった優秀な人材で満たされている。何に優秀かは、忖度に関してで、東大の忖度学部を出たような人間ばかりで、行政府は忖度合戦になっている。それら全員をAI化するには、色々な理屈をつけて激しい抵抗が予想される。

忖度役人対AIの対決は、非常に面白いバトルになるに違いないのだが、AI化への法案は、自分の首を絞めることになり、ありえない。議員立法でも、やがては自分の首を絞めかねない政治家のAI化につながるので、これもありえない。従って、国民が最も望んでいる、先ずは役人のAI化での公正な行政と、政治のAI化でのクリーン政治が実現する目途は立たない。実現すれば、立法、行政、更には司法のコストまで、大幅に削減出来、公正な世の中になるのだが、残念なことである。

何しろ人間は、差別されていると平等にしろと叫ぶが、平等だと俺の方が優れていると何かにつけて競争したがる。それは向上心と捉えることも出来るが、差別して優越感を味わいたいためともいえる。その最たるものはオリンピックで、優位性を見せつける競争でもある。劣等感の裏返しかもしれない。こうした厄介な生物を扱っているので、政治というのは一筋縄では行かない。特に悪意がなくとも、情に流されて国民を公平に扱わない政治もある。これが日本に多い。

共産主義がうまくいかなかったのは、悪平等になると、能力のある人はやる気が失せ、生産性が下がってしまい、権力闘争などに力を入れるからと言われている。ＢＩと違うのは、共産主義は平等が基本で、頭もしっぽも抑えられてしまうが、ＢＩはしっぽは抑えても、頭は出放題で良いという点である。だが、世の中には、平均的な生活をするよりも、自分は飛び抜けて何かをしたい、といった人もいる。それが、向上心と功名心と一体になって、発展の原動力にもなる。と同時に格差を求めてしまう。

日本は人口が1億以上の国の中では、格差は小さい方で、今手を打てば何とかなる。日本の『問題』に対する『正解《こたえ》』はないし、三つの提案のどれも完璧ではない。それでも、これらを修正し、良いところを取り入れた『日本モデル』ともいえる制度が考えられるのではないだろうか。

ＡＩやロボットに依存した社会を礼賛しているのではない。人間が猿山のサルのように、衣食住も十分に得られ、労働をしなくても良くなるが、それが理想社会でもないことは確かだ。だが、その方向に向かっているし、そうなった時に、より多くの人がその恩恵に浴して、人間らしい生活が出来るようにするにはどうしたら良いかを、もう考えないといけない。**シンギュラリティ**まで待たずとも、ＡＩが社会に組み入れられた制度をどうすれば、発展しながら貧困をなくせるかは、難しい『問題』だ。

だが、こうした社会の構築を、行政に任せてはいけない。行政が用いる常套手段、「有識者会議」も信用ならない。必ず組織の存続と、現在の権益、省益をはかる制度が組み込まれる。モデルの構築には、ＡＩを利用すると良いかもしれない。勿論、忖度や既得権といったソフトは組み込まないように、**ＡＩの検証は厳密に**しなければならないが。それに、一旦構築した体制はＡＩ化の進展に合わせ、体制の見直しを、頻繁にしなくてはならない。それはＡＩに任せればうまくやってくれるだろう。

それでも、ＡＩに多くを任せ、既得権や省益、忖度をなくせる社会になるだろうか。最近の言葉でいえば、日本の体質は右に倣えや平等といった、自己主張しないＤＮＡが受け継がれていて、その傾向が大きくなって総身に知恵が回りかねている。或いは、小回りがきかなくなって、目前に迫っている氷山をかわせずに、巨艦「日本列島」は「タイタニック」や、「戦艦大和」と同じ運命を辿るかもしれない。

―了―

第二次世界大戦後の戦争

東西冷戦時代（1945～1989年）	
1945～1949年	インドネシア独立戦争
1945～1954年	第一次インドシナ戦争
1946～1949年	ギリシャ内戦
1947年７月21日	オランダがインドネシアに軍事侵攻
1948～1971年	印パ戦争（第一次～第三次）
1948年５月15日～1949年７月	第一次中東戦争
1948年12月19日	オランダがインドネシアに軍事侵攻
1956年10月29日 ～1957年５月	第二次中東戦争
1967年６月５日～６月10日	第三次中東戦争
1973年10月６日～10月26日	第四次中東戦争
1948年～	パレスチナ紛争（対イスラエル）
1948年～	ミャンマー紛争（軍政による）
1949年～	東トルキスタン紛争（中国が軍事介入）
1950年～	チベット紛争（中国が軍事介入）
1950年６月25日～1953年７月27日	朝鮮戦争
1954～1962年	アルジェリア戦争
1956年	ハンガリー動乱
1959年	チベット動乱（チベット人の抗中運動）
1959～1962年	中印国境紛争
1959～1975年	ラオス内戦
1960年12月～1975年４月	ベトナム戦争
1960～1965年	コンゴ動乱
1961年	キューバ危機
1961年	クウェート出兵
1961年	ゴア紛争
1961～1962年	西イリアン紛争
1961年11月	南ベトナムに米軍事顧問団を派遣
1962～1969年	北イエメン内戦
1962年２月	南ベトナム軍事援助司令部を設置
1962～1963年	ベネズエラの反乱
1962年11月	南ベトナムとラオスが国交断絶
1963年１月	アプバクの戦い
1963～1968年	アルジェリア・モロッコ紛争
1963～1964年	キプロス内戦
1963～1966年	マレーシア紛争
1964年８月	トンキン湾事件
1964年～（継続）	コロンビア紛争

1965年２月	アメリカ軍によるベトナム北爆開始
1965年３月	アメリカ海兵隊がダナンに上陸
1965年	ドミニカ共和国内乱
1965〜1979年	南ローデシア紛争
1965年10月	韓国軍、ベトナムへ派遣
1965〜1984年	チャド内戦
1967〜1970年	ビアフラ戦争
1967年７月	南ベトナム解放民族戦線がダナンを攻撃
1968年１月	ベトナム、テト攻勢開始
1968年	プラハの春（ソ連のチェコ介入）
1968年３月	ベトナム、ソンミ村虐殺事件
1969年	中ソ国境紛争
1969年	サッカー戦争
1969〜1998年	北アイルランド紛争
1969年〜（継続）	フィリピン紛争
1970年４月	カンボジア侵攻、カンボジア内戦勃発
1970年〜	ヨルダン内戦（黒い９月事件）
1971年２月	アメリカ軍によるラオス侵攻
1971〜1992年	カンボジア内戦
1971年〜（継続）	カシミール紛争
1972年４月	北ベトナムがアメリカ艦艇を初攻撃
1972年12月	アメリカ軍無制限北爆再開・停止
1974年	キプロス紛争
1975〜1989年	ナミビア独立戦争
1975〜1990年	レバノン内戦
1975年	インドネシアの東ティモール侵攻
1975〜2002年	アンゴラ内戦
1977〜1979年	ウガンダ・タンザニア戦争
1978〜1988年	オガデン戦争
1979年〜（継続）	西サハラ紛争
1979年	中越戦争（中国とベトナム間の紛争）
1979〜1989年	ソ連のアフガニスタン侵攻
1979〜1990年	ニカラグア内戦
1980〜1988年	イラン・イラク戦争
1980年〜（継続）	ペルー紛争
1982年	フォークランド戦争（マルビナス戦争）
1983〜2004年	スーダン内戦
1983年	グレナダ侵攻（グレナダ島でクーデター）
1983〜2002年	スリランカ内戦
1987年〜（継続）	ブルンジ内戦（中部アフリカ）
1988年〜（継続）	ナゴルノカラバフ紛争
1989〜2001年	アフガニスタン内戦
1989年〜（継続）	南オセチア紛争（グルジア紛争）
1989年	パナマ侵攻（アメリカがパナマに軍事介入）

冷戦後	
1989〜1990年	エチオピア内戦
1989〜1996年	リベリア内戦
1990〜1994年	ルワンダ紛争
1990〜1991年	湾岸戦争（イラクのクウェート侵攻）
1991〜2001年	シエラレオネ紛争（西部アフリカ）
1991〜2000年	ユーゴスラビア紛争
1991年	十日間戦争（スロベニア独立戦争）
1991〜1995年	クロアチア戦争
1992〜1995年	ボスニア紛争
1999〜2000年	コソボ紛争
2001年	マケドニア紛争
1991〜2001年	ジブチ内戦
1991年〜（継続）	ソマリア内戦
1991年〜（継続）	カザマンス紛争
1992年〜（継続）	オセチア・イングーシ紛争
1992〜1994年	アブハジア紛争
1992年〜（継続）	アルジェリア紛争
1994年	イエメン内戦
1994〜1996年	第一次チェチェン紛争
1995〜1998年	ハニーシュ群島紛争
1998〜2000年	エチオピア・エリトリア国境紛争
1999〜2002年	東ティモール紛争
1998〜2003年	コンゴ民主共和国内戦
1999〜2009年	第二次チェチェン紛争
1999年	カルギル紛争
2000年〜（継続）	インドネシア紛争
対テロ戦争	
2001年〜（継続）	アメリカのアフガニスタン侵攻
2001年〜（継続）	パキスタン紛争
2002〜2003年	コートジボワール内戦
2003年	リベリア内戦
2003年〜（継続）	イラク戦争
2003年〜（継続）	ダルフール紛争
2004年〜（継続）	ナイジェリア紛争
2004年〜（継続）	タイ紛争
2004年〜（継続）	ワジリスタン戦争
2006年	東ティモール内乱
2006年	イスラエルのガザ・レバノン侵攻
2006年	エチオピアのソマリア侵攻
1983〜2009年	スリランカ内戦

TTS新書

江草　媒人（えくさ　ばいと）

戦争のさなかに神戸で生まれ、二歳になる前に終戦を迎える。終戦とは敗戦と同義語だと知ったのは、高校生のころ。そうした難しい理論にはついていけないので、エンジニアを目指し、大学では電子工学を専攻。卒業後メーカーに入社、電子機器設計に従事。ドイツに赴任し、研究開発を継続し、テクノロジーセンターを立ち上げ、所長に就任。一旦、日本に戻ったが、2000年よりドイツのメーカーに転職。以来ドイツ在住。

1万人のホームレスに、800万戸の空家

—正解《こたえ》のない日本の問題—

2019年３月20日　初版第１刷発行

著　者　江 草 媒 人
発行者　中 田 典 昭
発行所　東京図書出版
発売元　株式会社 リフレ出版
〒113-0021　東京都文京区本駒込 3-10-4
電話 (03)3823-9171　FAX 0120-41-8080
印　刷　株式会社 ブレイン

ISBN978-4-86641-222-1 C0295
Printed in Japan 2019
落丁・乱丁はお取替えいたします。

ご意見、ご感想をお寄せ下さい。

［宛先］〒113-0021　東京都文京区本駒込 3-10-4
東京図書出版